A MAGIA DAS CRENÇAS

Fernando Dalgalarrondo

A MAGIA DAS CRENÇAS

actius

São Paulo - 2021

Preparação e revisão: Tarcila Lucena

Diagramação: Silvana Panzoldo

Capa: Paula F. Dalgalarrondo

Dados Internacionais de Catalogação na Publicação (CIP)
(Câmara Brasileira do Livro, SP, Brasil)

Dalgalarrondo, Fernando
A magia das crenças / Fernando Dalgalarrondo. -- São Paulo : Actius, 2021.

ISBN 978-65-995713-0-5

1. Crenças 2. Programação neurolinguística 3. Psicologia comportamental I. Título.

21-76155 CDD-303.372

Índices para catálogo sistemático:

1. Crenças : Sociologia 303.372

Aline Graziele Benitez - Bibliotecária - CRB-1/3129

ACTIUS / FERNANDO DALGALARRONDO

✉ fdalga@uol.com.br

(19)997907863

R.Vasco Fernandes Coutinho 370 - Campinas-SP

CEP 13076-261

SUMÁRIO

INTRODUÇÃO

Nas páginas deste livro, exponho algumas observações e reflexões sobre o tema das crenças, não especificamente as religiosas, mas as crenças de modo geral, reflexões obtidas como resultado de meus estudos de psicologia e de meu trabalho como psicoterapeuta e professor de Programação Neurolinguística (PNL).

A maior parte do livro foi escrita ao longo da pandemia do covid-19 que teve início no Brasil em março de 2020. Trinta por cento do livro escrevi há mais de cinco anos, e as ideias em geral foram construídas e aprendidas ao longo de quarenta anos de interesse pelo comportamento humano e meu próprio.

Não sou propriamente um escritor. Expresso aqui meus pensamentos por meio da palavra escrita, pois acredito ser uma forma de contar minhas ideias e experiências às pessoas de modo mais amplo e ao mesmo tempo mais íntimo. A informação da conversa falada diretamente exige processamento e respostas mais rápidas, a informação escrita e lida proporciona muito mais tempo àquele que escreve e àquele que lê. Não quero aqui dizer que acho melhor o ler que o ouvir. São simplesmente modos diferentes de absorver as informações e, portanto, têm efeitos diferentes, os quais, no meu entender, se complementam.

O que você lerá a seguir é também resultado de muita leitura, aulas recebidas de pessoas e principalmente amigos inestimáveis ao longo da vida. Mas por que o tema das crenças? Só o livro inteiro pode responder a essa pergunta, satisfatoriamente espero. Mas posso começar agora a apresentar algumas intenções. Esta pequena obra tem o objetivo básico de apontar para algo de nossa experiência que já foi indicado de um modo ou de outro, mais ou menos explicitamente, por muitos outros autores, psicólogos, filósofos, escritores e pensadores em geral. Então por que escrever sobre isso? Por duas razões: porque acredito que minha experiência é única como psicólogo e estudioso do comportamento humano, como a de qualquer ser humano, e que, portanto, posso dizer algumas coisas sobre esse tema de um modo, às vezes, um pouco diferente, e assim gerar novas compreensões sobre a matéria. A segunda razão é que boa parte de meu trabalho com as pessoas, por incrível que possa parecer, é o de mostrar algo óbvio, mas que em geral não percebemos. As crenças funcionam como uma espécie de óculos através dos quais percebemos e avaliamos a realidade, e cuja existência esquecemos graças ao uso constante. Portanto, chamar a atenção para esse fato pode ajudar a perceber e mudar o que nos limita.

AS CRENÇAS

As crenças são os elementos de nossa experiência que determinam o sentido de nossos movimentos e ações. Elas controlam, direcionam, fixam e mudam nosso foco de atenção ao longo da vida. Nossas crenças nascem no processo de prestar atenção. Desde que chegamos a este mundo e ao longo de nosso crescimento e desenvolvimento, estamos envoltos por crenças, de nossa mãe, de nosso pai e de todos aqueles com quem nos relacionamos. Quando um bebê chora, sua mãe vai tratá-lo de acordo com o que ela acredita que o choro significa. Se acredita que o motivo é fome, vai providenciar comida, se acredita que é sono, vai niná-lo, se acredita que é manha, pode ser que fique irritada e o trate de um modo um pouco mais brusco, principalmente se estiver cansada. Interpretar os estímulos e sinais à nossa volta é um processo constante na experiência de qualquer ser humano, é parte da estrutura do nosso funcionamento, é natural. Então é assim que o bebê vai aprendendo a direcionar seu foco de atenção e em que acreditar. Geralmente, esse processo se desenvolve de modo inconsciente, mas às vezes é consciente.

Por meio das crenças, reconhecemos ou negamos o valor das coisas. Graças à nossa atenção, damos crédito a certos fatos e subtraímos outros. Pelas crenças, tornamos certos acontecimentos importantes, aos quais damos muita atenção, enquanto outros são encarados como sem valor, e deles retiramos, então, nossa atenção. Isso afeta intensamente nossa percepção do mundo. Quando nos apaixonamos, acreditamos em geral que tudo é bom na pessoa que é objeto de nosso afeto, não vemos defeitos. Inclusive, se alguém nos aponta algo errado nela, tendemos a buscar um significado positivo para isso, de tal modo que, muitas vezes, transformamos aquela característica apontada em uma qualidade; por exemplo: “ah, ele [ela] é muito desatento[a], vive no mundo da lua”, resposta apaixonada: “é que ele [ela] é um artista, está sempre buscando novas ideias”.

Há um experimento bem conhecido sobre uma das características do funcionamento da nossa percepção que circulou nas redes sociais por um tempo. Um pequeno filme mostra a seguinte cena: são dois trios, cada trio veste uma camiseta de determinada cor, como dois times. Eles estão em um saguão em frente a porta de um elevador, cada um deles tem uma bola de basquete, que ficam lançando de um para o outro enquanto circulam correndo entre eles. Os jogadores passam a bola apenas entre os membros de seu time, e o desafio proposto pelo filme é de que o espectador saiba dizer quantas vezes a bola foi lançada por um dos trios. Fiz exatamente o que se pedia, contei o número de passes de um dos times, e no final respondi: quinze vezes. Certo, mas então veio a pergunta inesperada: você viu o gorila passando? Não! Mas que gorila? Depois, ao rever o filme, realmente é possível ver um sujeito fantasiado de gorila que entra no meio dos jogadores e das bolas, dá uma paradinha no centro, soca o próprio peito, como fazem os gorilas nos filmes, e sai. É quase impossível não vê-lo, mas cerca de 50% das pessoas que passam por esse teste não veem o gorila. Por que não veem o tremendo animal, que depois fica tão óbvio? Porque nossa atenção fica absorvida pela tarefa de contar o número de passes, essa é a “coisa” importante a se prestar atenção nessa situação. Então o cérebro simplesmente elimina o aparecimento do gorila, porque foi determinado que o “mais importante” era perceber outra coisa. O indivíduo que está assistindo ao filme acredita que vai conseguir responder à pergunta de quantas vezes a bola foi passada de um jogador a outro de determinado time, focando toda sua atenção nas passagens de bola.

Esse é um fabuloso exemplo de como funcionam as crenças em nossa vida. Elas moldam nossa percepção do mundo, da vida, dos outros e de nós mesmos. Elas nos fazem eliminar porções substanciais da realidade, distorcendo-as; fazem com que enxerguemos um pequeno pedaço de uma situação, perdendo a noção da diversidade do contexto. Eliminamos, distorcemos e generalizamos as informações que captamos com os sentidos. Essas são as ações básicas por meio das quais o cérebro constrói nossa percepção e representação do mundo. Isso não é nem bom nem ruim, é assim que funcionamos naturalmente. O que pode ser bom ou ruim tem mais a ver com as consequências desse modo de funcionar na experiência cotidiana, na luta pela sobrevivência e em nosso desenvolvimento como seres humanos. Essas consequências estão baseadas na ignorância sobre nós mesmos, no nosso funcionamento, nossa razão e nosso propósito. É isso que pretendo mostrar neste opúsculo.

O que é uma crença?

Pergunta difícil de responder. Há muitas coisas que sabemos o que são, mas não conseguimos traduzir em palavras. Penso que isso é o que podemos chamar de "certo nível de conhecimento de algo". Quando alguém consegue gerar compreensão em outra pessoa sobre algo ou algum assunto com explicações verbais, isso indica um nível de conhecimento diferenciado sobre o tema em questão e também sobre a linguagem utilizada para esse fim. Certamente, existe uma variedade de formas para se chegar à compreensão de algo, e com certeza a experiência direta é a mais potente. Em certa ocasião, um amigo me disse uma coisa que pode ser útil aqui:

"Há quatro níveis de conhecimento de algo, por exemplo, uma maçã:

1ª Quando você ouve falar da existência de uma fruta que se chama maçã, mas nunca a viu e muito menos a provou.

2ª Quando alguém explica e descreve o que é uma maçã, e talvez até faça um desenho da fruta para você.

3ª Quando você se aproxima de uma macieira e vê uma maçã, toca, sente a forma em suas mãos e cheira a fruta.

4ª Quando você finalmente morde a maçã, mastiga, degusta, digere e obtém os nutrientes que ela disponibiliza. Agora você tem uma experiência direta com a maçã."

Acreditar em algo e ter um conhecimento verdadeiro sobre isso determina atitudes e comportamentos diferentes por parte do indivíduo.

Quando sei algo verdadeiramente, não preciso acreditar. Sei, por experiência, que, se solto a pedra que está em minha mão, ela cairá no chão. Não preciso acreditar que isso acontecerá. Parece simples, mas na realidade não é. Por quê? Porque frequentemente chamamos de saber aquilo que é uma crença, portanto, muitas vezes, saber e acreditar podem ser a mesma coisa, é uma questão do grau de certeza que possuo em relação a algo. Nossas crenças formam parte daquilo que sabemos. Por exemplo: se alguém me diz que o José viajou, eu posso sair por aí dizendo que eu SEI que o José viajou. Não é assim?

Claro, isso depende da confiança que eu tenha na pessoa que me contou o fato. Alguém pode certamente objetar: mas você viu José viajar? Não. Foi fulano que me contou. Ah, então como você pode ter certeza? Mas fulano não teria por que inventar essa história. Mas e se ele inventou? Suponha que eu dissesse: mas eu o vi entrando na sala de embarque no aeroporto! Mas o viu entrando no avião? Viu o avião saindo? Pousando no lugar para onde ele disse que iria? E assim por diante. Inclusive, no exemplo da pedra, e se no momento em que eu soltá-la de minha mão alguém rapidamente apanhá-la antes que caia no chão? Aí o saber se transforma em acreditar e, assim, a vida pode virar um verdadeiro inferno. Certamente não queremos que isso aconteça.

Na vida cotidiana, sabemos e, mais frequentemente, pressupomos que sabemos uma infinidade de coisas naturalmente. Parece que fazemos isso, em primeiro lugar, para podermos sair da cama pela manhã e realizarmos as tarefas cotidianas, e também para preservarmos algo de sanidade mental. Imagine que eu questione minha capacidade de chegar ao banheiro ou mesmo a de me manter de pé e me locomover sem que tenha acontecido nada de diferente com meu corpo. Assim, simplesmente, não saio da cama. Portanto, precisamos constantemente saber, acreditar, pressupor muitas coisas com certo grau de certeza para agirmos e funcionarmos na vida diária.

Diferença entre saber e acreditar

Saber é a classe, e a crença é um dos membros que pertence a essa classe. A crença é uma forma de saber algo. Existem outras formas do saber: o experiencial, o científico, o imaginário, o indireto, o inconsciente, o consciente etc.

Queimei o dedo no fogo, senti muita dor, surgiu uma grande bolha e o dedo ficou machucado. Essa experiência me ensinou que não posso pôr a mão ou qualquer parte do meu corpo no fogo, porque certamente isso causará queimaduras e sentirei dor. Não é uma crença, é um saber experiencial. Então, desse saber deduzo que qualquer pessoa "normal" que puser a mão no fogo por determinado período de tempo vai se queimar. E isso não é uma crença, é um saber por experiência própria. Mas isso já não é uma experiência direta, é uma dedução a partir de uma experiência direta.

O saber nasce da experiência, é a generalização que fazemos a partir da experiência. Mas eis que surge alguém que me diz, desafiante: "outro dia, em um treinamento na empresa onde trabalho, fui posto em transe hipnótico, caminhei sobre brasas ardentes e não me queimei". "Mas você tem certeza de que andou em brasa acesa? E de que não se queimou? Absoluta? Foi filmado, e sem truque? Quer ver o filme?" O que acontece, então, com meu saber experiencial? Em certa medida, fica estremecido, pelo menos em meu cérebro. Certamente, não vou correr e pôr a mão no fogo para comprovar se isso é possível. Meu corpo ainda preserva a memória da dor e me impede de ser tão estúpido. Entretanto, fico pensando no relato da caminhada no fogo e procuro encontrar explicações que sejam, para mim, mais racionais do que as do sujeito que andou nas brasas e diz que foi devido ao transe hipnótico e ao poder da crença.

Como o leitor já deve ter percebido, estou fazendo reflexões sobre as diferenças entre o saber e o acreditar. Pensando um pouco mais longe e utilizando mais uma vez a etimologia das palavras, posso adicionar que saber vem de sabor, saborear, sentir o gosto; e acreditar vem de dar crédito, valor, considerar verdadeiro. Portanto, posso afirmar que acreditar é uma forma de saber algo. Não é necessariamente a verdade sobre esse algo, mas frequentemente é uma aproximação da verdade. Um ponto interessante para se observar é o grau de certeza que uma crença pode gerar em uma pessoa. O saber verdadeiro implica em plena certeza, certo? Sei neste momento que estou sentado em uma cadeira. Estou absolutamente certo disso, sei disso, é um saber, não tenho necessidade de provar nada, estou tranquilo com isso. Fulano quer me enganar. Tem absoluta certeza disso? Absoluta não, mas é bem provável. Isso então é uma crença. Não é um fato, é uma dedução feita a partir de certas observações somadas a certos sentimentos e memórias. Muitas vezes, também, acreditamos em algo com certeza absoluta, o que torna o assunto mais complexo ainda.

As crenças são relações de causa e efeito estabelecidas no cérebro, ou relações de significado que muitas vezes se expressam por meio de uma afirmação avaliativa ou juízo. Ao afirmar "Fulano é irresponsável" e ser indagado "por quê?", respondo, em geral, com uma causa-efeito ou equivalência de significado. Por exemplo: "É irresponsável porque corre muito quando dirige e, assim, vai acabar causando um acidente". Relação causa-efeito. Quando digo, por exemplo, "o seu silêncio me assusta", estou estabelecendo uma relação de causa-efeito, ou seja, meu medo está sendo causado pelo seu silêncio. É claro que podemos argumentar: "Alguma vez minhas palavras lhe assustaram?", "Em alguma ocasião meu silêncio não assustou você?". "Sim, já", você me responde. Então não necessariamente é meu silêncio o que lhe assusta, talvez seja a sua própria imaginação o que assusta. E suponha que você me diga: "é possível". Estamos, então, diante do quase reconhecimento de uma crença.

Uma relação de significado acontece quando alguma evidência gera uma interpretação. Por exemplo: espero alguém a uma determinada hora e ele já está atrasado cinco minutos; então digo "eu sabia, essa pessoa não virá, esqueceu nosso encontro". Há uma evidência, a pessoa está atrasada, e uma interpretação desse atraso, ela esqueceu o compromisso. Entretanto, passam mais cinco minutos e a pessoa chega. Minha interpretação foi incorreta, aquilo era uma crença e não um saber real.

O mecânico escuta o motor do seu carro e, ouvindo certo barulho, diz: "já sei qual é o problema". Então abre o capô, desparafusa e troca o que tem que trocar, o carro, então, volta a funcionar corretamente. Ele usou um saber baseado na experiência, fez a interpretação correta porque já testemunhou aquilo inúmeras vezes e agora sabe do que se trata.

Quando alguém afirma que a água, quando atinge cem graus Celsius, no nível do mar, portanto a 1 de pressão atmosférica, ferve, está descrevendo uma relação de causa-efeito cientificamente comprovada. O que significa que todas as vezes que se derem aquelas condições a água ferverá. É um experimento que, se repetido do mesmo modo, dará sempre o mesmo resultado. Falando de um modo mais básico, é isso o que se chama de saber científico.

O que buscamos, em geral, é a certeza nas relações de causa-efeito e nas relações de significado. Essa certeza nos confere segurança na ação e suas consequências. As coisas ficam um pouco mais complicadas quando o indivíduo tem um grau de certeza muito alto, às vezes até absoluto, sobre uma relação de causa-efeito ou de significado, mas que na verdade é uma crença e não um saber experiencial ou científico. É parte do funcionamento natural do cérebro estabelecer relações de causa-efeito e de significado naquilo que acontece em nosso entorno. Isto nos possibilita "construir" certo conhecimento sobre como o mundo funciona e, portanto, nos brindar com certa possibilidade de controle sobre os acontecimentos, permitindo-nos direcionar os eventos para onde mais nos interessa.

Então, voltando ao ponto, qual a diferença entre o saber verdadeiro e a crença? No frigir dos ovos, na vida prática, se penso sobre minha própria experiência, a diferença está no grau de certeza consciente com respeito a algo. Tenho toda a certeza consciente de que estou sentado em uma cadeira neste momento, ou seja, eu sei que estou sentado em uma cadeira agora. Estou conscientemente inseguro em relação a previsão de chuva para o próximo domingo fornecida por meu celular, ou seja, não acredito muito que vá chover no domingo. A previsão do tempo dada por meu celular já foi muitas vezes equivocada, portanto não confio muito, só um pouco, de que possa vir a chover. Assim posso dizer que *sei* que estou sentado em uma cadeira agora, e *acredito* que vai chover na segunda-feira.

Fiz questão de usar acima a expressão "certeza consciente", mas por quê? Vejamos o seguinte exemplo. Estou viajando sem prestar atenção no nível do odômetro. De repente, o carro para de funcionar no meio do caminho por falta de combustível. Até aquele momento, eu tinha a certeza inconsciente, como se fosse o saber sobre um fato, de que havia gasolina suficiente para chegar a meu destino sem problemas. Estava pressupondo uma quantidade adequada de combustível. Poderia também, seguindo o mesmo exemplo, olhar o odômetro no painel e dizer a mim mesmo: "acho que vai dar, ou seja, acredito que vai dar". Isso seria uma crença consciente com muita vontade de ser um saber, um fato.

Muitas vezes, tratamos crenças como se fossem fatos, e esse comportamento está diretamente relacionado com nossos desejos, necessidades e percepções, que por sua vez estão conectados a outras crenças e fatos. Trata-se do modo de funcionamento do cérebro. O que pode ser um saber real para mim, para outra pessoa, de sua perspectiva, pode ser uma crença. Exemplificando, eu sei que o vírus do covid-19 é perigoso porque tive a doença, passei muito mal e quase morri, entretanto, outra pessoa que não teve a virose, ou a contraiu de modo assintomático e praticamente não teve ninguém próximo que tivesse sido infectado, poderá pensar e ter a certeza de que o perigo dessa doença é uma crença.

A diferença entre saber e acreditar é um tema simples e complexo ao mesmo tempo. Simples porque boa parte das pessoas sabe responder a essa pergunta de modo relativamente fácil e descomplicado, como com os exemplos que dei acima. Entretanto, é complexo porque tem a ver com o tema da verdade, o que é verdade e o que não é. Verdade absoluta ou verdade relativa? Complicado. Muitos filósofos, ao longo da história, dedicaram suas vidas em busca da verdade. Certamente alguns a encontraram, outros não, e outros pensam ou acreditam que encontraram.

O saber real é o encontro da verdade, ainda que relativa. A crença é uma aproximação da verdade, ainda que absoluta. A crença é um veículo que pode conduzir à verdade ou não. Ela é o elemento que nos impulsiona em direção à verdade absoluta, é mais precisamente expressão e ação da necessidade da verdade, é um paradoxo. Uma de suas funções em nossa vida, portanto, é a de nos aproximar da verdade, preparando-nos para as experiências que nos proporcionem um saber verdadeiro. Quando o buscador, o filósofo, encontra a verdade, ele se transforma, ele se torna aquela verdade. Até então ele acreditava, agora ele sabe.

A função das crenças

Como disse acima, embora a crença não necessariamente nos brinde com o encontro da verdade, ela existe justamente por causa de nossa atração por esta. Na ausência de conhecimento, acreditamos. Quando quero ir do ponto A ao ponto B e não conheço o caminho, acredito nas instruções de um guia. Uma vez que já conheço o caminho, não preciso mais da crença no guia. Onde há ignorância, há crença. Onde há incerteza, há crença. A crença ocupa o lugar da falta de saber verdadeiro, até que a adequada experiência possa promover o encontro com a verdade.

Muitas vezes pensamos de modo radical, em extremos: algo existe ou não existe, algo é verdadeiro ou falso. Assim também funcionam outros pares de opostos que habitam nossa vida: claro-escuro, perto-longe, alto-baixo, forte-fraco, rápido-lento, verdade-mentira etc. Pensando nos extremos da curva, esquecemos os pontos intermediários, onde os opostos se aproximam e muitas vezes se misturam. Esquecemos que também há graduações. Algo pode ser mais ou menos forte, mais ou menos fraco. Pode ser mais ou menos verdadeiro, mais ou menos falso.

Vale refletir um pouco mais sobre a palavra *acreditar*, que, como já assinalei, significa, etimologicamente, dar crédito, considerar verdadeiro. O que também quer dizer, por consequência, confiar, apoiar. Chamo a atenção para o "considerar verdadeiro", que nada mais é que uma manifestação da estrutura "como se", que tem a ver com nossa capacidade de imaginação. Você me diz que o carro tem gasolina, o tanque está cheio, apesar do marcador do painel marcar zero, porque, como você afirma, está quebrado. Então eu dirijo o carro sem me preocupar com o combustível, acredito em você, sigo a viagem "como se" tivesse gasolina e, ao chegar a meu destino sem problemas, reafirmo a sua confiabilidade. Essa é a estrutura "como se". Por que acredito e confio em você? Porque sempre as coisas foram como você me disse que seriam; então, quando me diz que algo é de um jeito, mesmo sem as evidências normais de que sejam assim, como no exemplo do odômetro do carro, fica fácil saltar para a estrutura "como se" e acreditar em você.

O processo de dar crédito a algo ou alguém e o de atribuir valor são praticamente a mesma coisa. Quando valorizo algo, estou-lhe dando crédito. No início de nossa vida neste planeta, somos animais absolutamente dependentes dos adultos que se ocupam com nossa sobrevivência, eles são, portanto, as pessoas mais importantes, de maior valor, com maior crédito. Nem as pessoas nem as coisas em si mesmas têm um valor, este é consequência do tipo de relação que experimentamos com elas. Quanto mais próximas ao fator "sobrevivência", mais valor e importância são atribuídos.

Podemos aqui, inclusive, recordar a Pirâmide de Maslow e sua hierarquia de necessidades. O conceito busca determinar como valorizamos as pessoas e as coisas de acordo com seu nível de importância nessa hierarquia. Maslow classifica essas necessidades em ordem decrescente de importância: fisiologia e segurança, os dois primeiros níveis que estão diretamente relacionados à sobrevivência; social, estima e realizações pessoais, que ocupam a parte média e mais alta da pirâmide e, portanto, têm em geral menos importância se comparados aos dois primeiros níveis, na base da pirâmide. Podemos, como várias pessoas, discordar da visão de Maslow em vários pontos, mas fica difícil discordar completamente. Todos os níveis descritos por ele têm, sem sombra de dúvidas, seu grau de importância na vida da maioria dos seres humanos. As discordâncias, normalmente, abordam detalhes como os nomes atribuídos, o número de níveis ou quanto à hierarquia nos três níveis superiores da pirâmide.

Retornando à nossa infância, os pais são a base de nossa sobrevivência, dando segurança e amor, ajudando na sociabilidade e nas realizações pessoais. Por isso, e pelo fato de termos sido feitos por eles, e do mesmo material que eles, acreditamos, valorizamos e damos importância especial a tudo que fazem, dizem e experimentam. Tornamos o que é deles nosso, naturalmente, ao longo desse intenso período de vida no qual dependemos deles e vivemos sob o mesmo teto. Absorvemos seus estados emocionais e suas ideias como o ar que respiramos, como o alimento que eles nos fornecem. Ficamos impregnados de suas crenças e valores. Isso é assim porque, de certo modo, eles são, nesse tempo de nossa coexistência, literalmente, nossas crenças e valores. A partir desse material, acrescentado e mesclado a nossas próprias experiências, construímos, ao longo da infância e da adolescência, o nosso saber sobre o mundo e sobre nós mesmos. Esse saber é constituído por experiências diretas e indiretas, verdades e mentiras, crenças e conhecimento verdadeiro.

Dois tipos de crenças

Um dos nomes importantes da PNL em certa ocasião se pronunciou sobre as crenças com a seguinte expressão: "esses bichos estranhos". Realmente, quando começo a me aventurar nesse domínio, tenho muitas vezes essa impressão de seres estranhos que povoam o cérebro e, frequentemente, como se tivessem vida própria, deliberam ao seu bel-prazer sobre nossa vida e seu sentido. Isso porque pertencem ao mundo das ideias, constituído de imagens internas, sons, palavras, conceitos e toda consequente espécie de sensações e sentimentos. É um mundo predominantemente volátil, fugidio, impalpável e, ao mesmo tempo, poderoso, determinante de nossas ações e gerador de significados. Certamente, o mundo das ideias tem sido uma das grandes vantagens de nossa espécie na luta pela sobrevivência. Por outro lado, pode ser também, esperemos que não, a razão de nosso desaparecimento deste planeta. Enfim, o que quero dizer é que podemos classificar as crenças de muitas formas e em muitos tipos, entretanto, por questões práticas, neste momento vamos pensar em somente dois grandes tipos: as facilitadoras e as limitantes.

As crenças facilitadoras são obviamente aquelas que, quando estamos sob sua influência, favorecem nossas ações, relações e, principalmente, a utilização de nossos próprios recursos para alcançar nossos objetivos. Por exemplo, quero aprender um novo idioma e tenho a crença genérica de que tenho facilidade para aprender outras línguas, que rapidamente me adapto às formas de uma nova cultura, que tenho facilidade de expressão, sou comunicativo, inteligente, tenho bom ouvido. Acredito, então, que tudo que necessito é dedicar algum tempo ao estudo desse idioma e, assim, aprenderei. Essas ideias, entre outras, que irão facilitar minha aprendizagem são crenças facilitadoras.

As crenças limitantes são aquelas que dificultam as coisas. Supondo, como no parágrafo anterior, que eu queira aprender uma nova língua, mas acredito que tenho memória ruim ou que, na minha família, ninguém fala mais que um idioma porque não conseguem aprender. Digamos que acho difícil pronunciar palavras de outro idioma e, quando tento, os outros sempre riem de mim; que não gosto de falar com pessoas que têm um vocabulário diferente do meu, tenho muita vergonha de falar de modo errado, não suporto críticas. Essas, certamente, são ideias que irão dificultar ou até impedir minha aprendizagem, ou seja, são crenças limitantes.

A qualidade de uma crença, se ela é facilitadora ou limitante, depende, na maior parte das vezes, do contexto em que é experimentada. Como é o caso de qualquer comportamento humano. Um grito pode ser uma agressão desnecessária em um contexto, mas pode salvar a vida em outra situação.

Gosto muito daquela velha história do sujeito que, em uma grande inundação, com a crescente subida do nível das águas, subiu no telhado da casa e ficou rezando para que Deus o salvasse. Passado um tempo, alguém se aproximou remando um barco e lhe ofereceu ajuda, mas o sujeito respondeu que não, pois estava rezando e confiava que Deus iria salvá-lo. Depois de um tempo, quando as águas já alcançavam o telhado da casa, veio alguém em uma lancha a motor e ofereceu ajuda ao homem, que também a dispensou dizendo que estava rezando e que logo Deus viria para ajudá-lo. Quando a água já lhe batia no queixo, apareceu um helicóptero com uma corda oferecendo socorro, mas o sujeito, mais uma vez, rejeitou a ajuda com a justificativa de que confiava plenamente no auxílio que viria de Deus. Como vocês já sabem, esse homem morreu afogado e, ao chegar ao céu e ser recebido por Deus, queixou-se de sua sorte: "Mas Deus, eu rezei, eu confiei, e o senhor não fez nada!". Deus respondeu: "Como nada? Enviei um barco, uma lancha e um helicóptero! O que mais você queria?".

Um dos principais obstáculos gerados pelas crenças, sejam elas limitantes ou facilitadoras, é a perda de perspectiva dos fatos e a consequente perda de contato com a realidade. Como no conto acima, não podemos negar que crer e confiar em Deus seja uma crença facilitadora, no sentido de que o indivíduo em questão não se sente só nem desesperançado, e se sente com valor suficiente para receber ajuda. Mas suas ideias e crenças de como Deus pode ajudar alguém em uma situação como a dele o limitaram. É estranho, mas a mesma crença no grande poder de Deus (ou talvez de si mesmo, neste caso) desconsiderou esse mesmo poder, ao recusar o auxílio do barco, da lancha e do helicóptero.

Esse ponto nos aponta um aspecto fundamental na questão das crenças: sejam elas facilitadoras ou limitantes, continuam sendo crenças, não se tornam verdades. Elas podem aproximar você da verdade, mas o saber real, o conhecimento verdadeiro é outra coisa. O lugar onde se chega é diferente do veículo ou do caminho que lhe levou até lá. Por mais relativa que seja nossa verdade, por mais que acreditemos que "o mapa não é o território", e que o que é uma verdade a nossos olhos pode ser uma crença aos olhos de outra pessoa, conhecer a verdade e acreditar são níveis diferentes de experiência, assim como ser infantil ou ser maduro determinam atitudes completamente diferentes diante da vida. O que a meu ver precisamos considerar é a condição inevitável de se ter crenças, de acreditar em muitas coisas na ausência de um saber verdadeiro. Esta é a razão porque torna-se de suma importância identificarmos e estudarmos nossas crenças, se é que queremos verdadeiramente nos conhecer e conhecer o sentido de nossa vida neste planeta azul.

Uma crença não é uma mentira, ela não se opõe à verdade. Essa é uma confusão frequente, associarmos muito a ideia de crença à de algo falso. Sim, pode ser algo falso ou muito distante da realidade. Entretanto, muitas crenças contêm uma boa dose de verdade. Por exemplo, alguém diz que tomar banho depois de uma refeição dá congestão e pode causar a morte e, acreditando nisso, deixa de tomar banho após as refeições. Esta não é uma concepção completamente errada, efetivamente, se alguém comer exageradamente e, em seguida, mergulhar o corpo completamente em águas geladas, é muito provável que tenha uma congestão e talvez até passe para outro plano de existência. Por isso não é adequado situarmos as crenças no lado oposto da verdade. Toda crença tem ou teve algum dia um pé na realidade, direta ou indiretamente, e é por isso que podemos dizer que é uma aproximação da realidade ou verdade.

Considero que parte importante da deterioração crescente que observamos hoje na relação das pessoas com a verdade como um valor primordial é fruto de nossa ignorância a respeito do universo das crenças acrescida a nossa imensa capacidade de crer ou acreditar.

Como identificar crenças

Como já mencionei anteriormente, as crenças pertencem ao mundo das ideias, ao âmbito das experiências abstratas. Entretanto, só se consolidam como tal no mundo concreto e palpável das ações. Se digo que acredito em você para me dar boas informações sobre como chegar a um determinado local na cidade e, após haver recebido suas informações, faço algo totalmente diferente, desprezando-as, isso significa, contrariamente ao que havia afirmado antes, que não acredito no seu conhecimento sobre a cidade.

Quando experimentamos sentimentos e emoções desagradáveis ou algum tipo de incapacidade, sem uma aparente e imediata justificativa racional, certamente estamos sob a influência de alguma ou algumas crenças limitantes. O contrário também é verdadeiro. Em muitas ocasiões, quando experimentamos uma boa emoção sem que algo concreto a tenha diretamente desencadeado, estamos provavelmente sob a influência de alguma crença facilitadora.

Por isso o assunto das crenças não é fácil, elas estão por toda a parte, consciente ou inconscientemente. Estão acopladas permanentemente ao conhecimento em geral. Fazem parte daquilo que chamamos "nosso" conhecimento. Acreditar, como diz o dicionário, significa considerar verdadeiro. Mas que atitude ou comportamento é esse "considerar verdadeiro"? Tratar como verdade. Mas o que é tratar como verdade? O que faço concreta e especificamente quando trato algo como verdade? Como definir a verdade neste contexto?

Sendo pragmático, a verdade aqui significa fato iniludível. Minha ação necessita considerá-lo para chegar a bom termo. Se desconsiderar a parede à minha frente enquanto caminho, trombo com ela. Isso é fato, não uma crença. As leis enunciadas pela ciência são fatos incontestáveis, até prova do contrário. Mas a boa pergunta aqui é: o que me faz considerar um fato como fato? Dois aspectos interconectados: percepção e experiência. Se não tenho visão, posso não perceber a parede, ou, se nunca tive a experiência de trombar com nada, seguirei caminhando até ser duramente detido pelo obstáculo.

Em certa ocasião, há uns vinte e tantos anos, na cidade de Segóvia, Espanha, ouvi uma história muito interessante. Estava em um congresso para terapeutas que durava uns cinco dias, se bem recordo. Todas as manhãs, bem cedo, tínhamos aula de tai-chi-chuã com um padre chinês muito comunicativo, interessante e com grande senso de humor. No meio das aulas, ele fazia comentários sobre religião, filosofia, China, Espanha, Estados Unidos, Rússia etc. Um dia ele nos contou de modo único a seguinte história:

– Vocês sabiam que aqui em Segóvia tem uma loja que vende a Verdade?

Não, não sabíamos.

– E vocês gostariam de saber onde fica e, quando chegarem lá, como fazer para comprar a Verdade?

– Gostaríamos!

– Quando chegarem à loja que vou indicar, vocês serão atendidos por uma jovem muito bonita que perguntará: "O que desejam?". Então responderão: "Viemos comprar a Verdade". Ela então dirá: "É no andar de cima, subam a escada". Vocês então sobem e encontram, no andar de cima, outra jovem muito bonita que também pergunta: "O que desejam? Como posso ajudá-los?". E vocês respondem: "Queremos comprar a Verdade". Ela lhes indica uma prateleira e diz: "Aí está, e o preço está escrito no papelzinho pendurado". Vocês vão imediatamente ler o preço, e o que está escrito? NENHUMA DÚVIDA.

Quando ouvi essa história fiquei de vários modos impressionado. Foi impactante a maneira como ele a contou, como se fôssemos crianças, o que não deixa de ter boa dose de verdade, pelo menos no meu caso. O fato dele ser um chinês com batina, um padre católico, acrescido de sua forma divertida de se comunicar conosco, é algo exótico, pelo menos para mim, que tenho um limitado repertório de experiências interculturais. A história e seu fim também geram espanto. Nenhuma dúvida é o que nos conduz à Verdade. Como assim? Dúvida. É como a fé, então? Certeza absoluta. Então, Verdade e fé são a mesma coisa? Praticamente sim. Seguindo essa lógica, ciência e religião, genericamente falando, são a mesma coisa. Que estranho. Sim, são a mesma coisa no sentido de que ambas são modos pelos quais nós humanos tratamos de compreender a vida e a realidade com o propósito de seguirmos adiante.

Para sobrevivermos neste planeta, precisamos saber, de algum modo, as consequências de nossas ações. Quanto melhor soubermos prever o que vai acontecer em seguida, ou mais adiante, mais chances temos de continuar vivos. Isso é verdadeiro para qualquer animal em relação, por exemplo, a seu predador. Se a zebra percebe a aproximação de um leão faminto e não trata de sumir dali rapidamente, sua vida acaba logo. A experiência individual, somada à experiência de sua espécie, ajuda a zebra a detectar o perigo, prevendo as nefastas consequências de continuar ali pastando tranquilamente. Ela muda, então, o mais rápido possível o lugar de sua refeição para outro mais seguro.

O que mais buscamos, em geral, é termos o controle daquilo que pode-nos causar sofrimento e daquilo que pode-nos proporcionar satisfação, prazer, bem-estar. Basicamente essa é a razão de precisarmos explicar e entender as relações de causa-efeito e de significado dos acontecimentos. A esse conhecimento é que tanto a ciência como a religião têm se dedicado. As duas nasceram juntas e quase sempre estiveram de mãos dadas. Nos últimos cinco séculos, e mais intensamente nos últimos duzentos anos, produziu-se um maior distanciamento entre as duas formas de abordagem do conhecimento. É difícil explicar porque isso aconteceu, uma vez que há muitos fatores implicados na questão. Um deles, penso, está relacionado com a nossa experiência progressivamente mais intensa dos limites de nosso planeta.

Antes do século XVI, pensávamos a Terra como um lugar enorme, quase sem fim. Andávamos e andávamos e sempre havia mais à frente, mais terra, mais mar. Os navegadores, Galileu e alguns outros, no século XV e daí para frente, foram demonstrando, convincentemente e cada vez com maior frequência, a finitude e a relativa pequenez do planeta que habitamos. O universo aumentou muito, mas a Terra diminuiu com o avanço da ciência.

Quando nos deparamos com novas paisagens, culturas, floras e faunas, somos obrigados a usar mais nossos sentidos (visão, audição, tato, olfato e paladar). Nossa atenção é amplamente sequestrada pelas novidades do mundo externo. As explicações e compreensões parecem vir do mundo externo. Nosso mundo interno e nossa imaginação diminuem. O concreto prevalece sobre o abstrato. O mundo externo, sensorial, passa a prevalecer como realidade, e o mundo interno, com seus sonhos, símbolos e fantasias, fica em segundo plano.

Aqui, avalio importante considerar os dois grandes modos de funcionamento do cérebro: o analítico, linear, sequencial e o holístico, global, simbólico. Geralmente, na maior parte das pessoas, o pensamento analítico, sequencial, está identificado com a atividade do hemisfério esquerdo do cérebro, e o pensamento holístico, a percepção do todo, está identificado com uma maior atividade do hemisfério direito. O esquerdo é temporal (antes, agora, depois), o direito é atemporal, é um aqui e agora contínuo. As emoções positivas parecem estar mais relacionadas com o hemisfério esquerdo e as negativas, com o direito. Algumas atividades requerem mais trabalho do esquerdo e outras do direito. A verdade é que funcionamos com os dois ao mesmo tempo, ora um mais ativo ora outro. Pressupor ou supor e crer ou acreditar são basicamente a mesma coisa, significam considerar algo como verdadeiro. Saio de casa para almoçar em um restaurante sem checar antes se o dito local está aberto hoje para servir almoço. Estou pressupondo ou acreditando que está aberto.

Ainda não possuo comprovação científica, entretanto tenho a hipótese de que pressupor ou acreditar são atividades holísticas do cérebro, de seu lado direito, e o comportamento de checagem dos fatos é uma atividade analítica, do lado esquerdo. A experiência da mudança mágica está no hemisfério direito, a da mudança estratégica, passo a passo, no esquerdo. Deduzo isso do seguinte: quando percebo e reconheço um rosto na multidão estou, de modo comprovado cientificamente, ativando meu modo holístico de funcionamento cerebral, mas quando começo a analisar um rosto e penso "nariz grande, olhos pretos, queixo grande, bigode, pele escura, sim é o fulano", estou ativando o lado esquerdo do cérebro. Isso está bem descrito pelo psiquiatra Oliver Sacks em seu livro *O homem que confundiu sua mulher com um chapéu*. Ele conta a história de um professor de música que estava com um tumor no hemisfério direito do cérebro e, devido a isso, perdera a capacidade de reconhecimento imediato de seus alunos pela visão de seus rostos. Ele precisou desenvolver uma estratégia com ajuda de seu pensamento lógico (hemisfério esquerdo) para reconhecê-los. Olhava o aluno e dizia a si mesmo: "olhos claros, bochechas e orelhas grandes, nariz pequeno, portanto, é fulano de tal". Esta é a forma analítica, sequencial, de funcionamento do cérebro analítico.

Quero refinar minha afirmação de que a crença seria produto da atividade do cérebro holístico: ela é o movimento feito no cérebro de conexão do lado esquerdo com o direito. A análise e o raciocínio são movimentos do esquerdo, a conclusão e a compreensão são movimentos do direito. Quando o médico examina, colhe e analisa os sintomas, está trabalhando com o hemisfério esquerdo, quando nomeia a enfermidade e conclui o diagnóstico, ativa o lado direito. Ao ter muita experiência com determinada doença, muitas vezes, o médico vai quase que diretamente ao diagnóstico, nomeando a enfermidade. Torna-se intuitivo. A passagem pelo hemisfério esquerdo analítico é, neste caso, muito rápida, inconsciente, quase inexistente.

O que a ciência faz principalmente é observar, analisar, experimentar, comparar, experimentar de novo, sequenciar novamente, analisar, comparar, observar etc., para finalmente concluir e nomear. A religião, por sua vez, basicamente conclui e nomeia as coisas. E o que é nomear? É dar uma identidade. Olho para algo no chão e digo: isto é um sapato. Essa conclusão pode requerer um longo tempo de análise ou pode ser imediata. Depende de minha experiência com sapatos.

Atribuir identidade às coisas à nossa volta é essencial para a ação. Se não sabemos o que é, não sabemos o que fazer. Mesmo para poder sair correndo, preciso nomear algo como "perigo", ainda que seja de modo inconsciente. Não sabendo onde estou e para onde vou, fico parado. Não precisamos de muito, nem da verdade, para seguirmos nos movimentando, basta uma suposição ou crença para fazê-lo. Isso porque acreditar é nomear, é atribuir identidade, é um ato de criação. Recordam no Velho Testamento: *no princípio era o verbo*, a palavra, o nome, a identidade, o ato criador. Mesmo a ciência requer crença, porque é também um meio de identificação e nomeação das coisas.

As relações de causa-efeito, de equivalência de significado, designadas por nossas crenças e por nossos estudos científicos, são simplesmente modos diferentes de conhecimento das coisas que nos permitem agir e nos mover nesta vida. Repetindo: acreditar, ou seja, considerar verdadeiro, tanto pode emanar de um estudo profundo de uma matéria como de um simples e instantâneo olhar. As consequências de um e de outro são uma outra história.

Todo esse meu trajeto, cheio de curvas e especulações, tem como propósito compreender melhor o que são "esses bichos estranhos" chamados crenças, tanto para mim como para alguém que leia este texto. Isto é o que espero.

Crenças e valores

Frequentemente, essas duas palavras estão associadas ou relacionadas. O verbo que correspondente ao substantivo crença é crer, ou também acreditar, que também significa: dar crédito, considerar verdadeiro ou real, confiar. Valor corresponde ao verbo valorizar ou dar valor. A ação de acreditar em algo é a mesma que lhe dá valor. Quando emprestamos alguma coisa a alguém, estamos dando crédito a essa pessoa, a estamos valorizando em algum nível. Mas como algo – seja um objeto ou uma ideia, como liberdade, respeito, responsabilidade etc. – adquire valor ou se torna um valor?

Se para mim tanto faz estar preso em uma gaiola ou não, certamente não valorizo a licença para ir e vir. Se, quando você for me prender, eu não resistir de modo algum, talvez "liberdade" não seja um valor para mim. Portanto, o que faz da "liberdade" um valor depende das minhas ações na direção dessa ideia e do modo como eu a defino. O que atribui valor a um objeto é a relação que estabeleço ou mantenho com ele. O ouro se tornou um valor pela relação que os seres humanos estabeleceram com esse metal. Ele não apareceu simplesmente com uma etiqueta escrita: "eu tenho muito valor". Provavelmente, foi valorizado desde a Antiguidade por ter a cor do Sol, considerado um Deus naquela época, além de ser um dos metais mais duros e pouco abundante. Da mesma forma, todos os objetos de nossa vida estão valorizados de acordo com sua utilidade, com o significado que lhe é atribuído e com as qualidades que os associam a outros valores já consagrados. Certamente, o valor de muitas coisas foi viajando no tempo, sendo transmitido de pessoa a pessoa, de geração a geração, às vezes aumentado, outras diminuindo.

Algo se torna um valor graças às relações de causa-efeito e de significado que lhe damos, ou seja, de acordo com as relações específicas que acreditamos estar associadas a ele. Sejam essas relações explícitas ou implícitas, conscientes ou inconscientes. Esse é um processo geralmente natural, espontâneo, e que está ligado a nossas necessidades básicas, sendo que quanto maior a necessidade, maior o valor atribuído.

Uma das formas mais primárias de se atribuir valor a algo, como já comentei anteriormente, é prestando-lhe atenção. Isso por várias razões, uma delas é que a sobrevivência neste planeta, em todos os seus níveis, tem um iniludível caráter competitivo. A frequência com que damos atenção a algo determina o que é mais importante para nós, portanto o que tem mais valor. Para capturar sua presa, o predador precisa prestar muita atenção a seus movimentos. Para se proteger e defender do predador, é preciso estar muito atento às possibilidades de sua aproximação e a seus movimentos. Os líderes, em geral, são aqueles que são capazes de cativar a atenção das pessoas quando indicam o que fazer ou como fazer. É a atenção das pessoas que controla o fluxo e a importância das informações que chegam o tempo todo, sejam informações internas ou externas. A sobrevivência de um bebê depende plenamente da atenção de sua mãe ou de quem quer que seja responsável por cuidá-lo. Acertar ou errar o caminho, seja no trânsito, na realização de um projeto ou em qualquer trabalho, depende fundamentalmente da qualidade da atenção utilizada durante a atividade.

Somos animais sociais e predadores de nós mesmos ao mesmo tempo. Prestamos atenção aos outros seres humanos, às vezes como iguais e colaboradores, às vezes como presas e ou predadores. Quando me refiro à atividade predatória do ser humano em relação à própria espécie, não estou falando de caçar e devorar literalmente, ainda que isso possa existir em algumas ocasiões, raras, mas possíveis. Falo mais em predação de um modo mais genérico. Por exemplo, os grandes centros comerciais, as grandes lojas, são predadores em relação ao pequeno comércio. Toda relação competitiva é, em algum nível, predatória. Se quero chegar primeiro, se quero que os benefícios venham para mim em vez de para você, estou provavelmente agindo como predador. Sou predador quando trato de vender um produto agressivamente. Com isso quero dizer: quando, por meio da publicidade, gero uma necessidade que antes não existia, de modo consciente, para de certo modo "obrigar" as pessoas a consumirem meu produto. É a lei da sobrevivência na selva do mercado, com suas presas e predadores.

Deixando esse tema de presas e predadores, voltemos ao da atenção. Como dizia antes, somos animais sociais, ou seja, geralmente vivemos a vida em grupo, com nossa família, de modo próximo e por muitos anos, e saímos de uma família para formar outra. Muitos vivemos em cidades, grandes ou pequenas, nos amontoamos uns aos outros em pequenos espaços, no trabalho, nos escritórios, nas empresas, restaurantes, cinemas, casas de dança, rodoviárias, aeroportos, clubes, jogos de futebol, festas etc. O ser humano sozinho, em geral, é muito frágil. É algo amplamente reconhecido que sobrevivemos como espécie ao longo de nossa história, principalmente, devido a nossa capacidade de realizarmos atividades coletivamente.

Participamos de vários grupos ao longo da vida, alguns em mais, outros em menos, entretanto é muito difícil não fazer parte de alguma comunidade. Cada um desses agrupamentos tem suas normas de aceitação ou rejeição de membros. Aqui, novamente, observamos que a atenção que damos aos integrantes do mesmo grupo é diferente daquela que dedicamos a outros coletivos dos quais não participamos, e principalmente se forem "inimigos" ou com valores, crenças e ideias contrárias às nossas.

Nossa atenção pode apoiar e aprovar ou reprimir e condenar. Dependendo de onde você esteja e do que esteja fazendo, pode gostar ou detestar que lhe deem atenção. A atenção eleva e rebaixa, cuida e abandona. Ela pode indicar e afirmar a importância de algo com sua presença, e pode tornar a mesma coisa inútil, ou até desprezível, por sua ausência e negação. Dar atenção é dar crédito a alguma coisa, a seu contrário ou algo a ela associado. Atentamos para acolhermos melhor, para evitar ou para conhecer alguma coisa melhor e saber se devemos nos aproximar ou nos afastar.

O processo de atenção é a origem e a base de nossas crenças e valores, seja ela consciente ou inconsciente. Podemos estar atentos sem estarmos conscientes disso. Quando nos distraímos, por exemplo, estamos atentos àquilo que nos distrai sem estarmos conscientes disso. Por isso, quando estamos conversando com alguém e nos distraímos e perdemos o fio da meada, nos desculpamos dizendo: "desculpa, foi sem querer, me distraí". Podemos também prestar atenção de modo consciente.

A atenção do bebê para sua mãe é basicamente natural e inconsciente. Normalmente é muito intensa, tanto dele para a mãe como desta (muitas vezes consciente) para seu bebê. A criança, nesse processo, está inundando a mãe com crédito e está, ao mesmo tempo, sendo inundada pelo crédito de sua mãe. Seja a atenção positiva, alegre, carinhosa ou a negativa, chateada, brava. De todo o modo, por meio dessas interações estão sendo construídas relações de causa-efeito e equivalência de significados no cérebro da criança e também no da mãe, apesar deste já estar repleto dessas construções. É sempre um processo sistêmico, no sentido da influência mútua por meio dos retornos (*feedbacks*) gerados.

O que liga ou cola a causa com o efeito, ou uma evidência sensorial com um significado, é a atenção e sua intensidade ou qualidade. No princípio, nos primeiros anos de vida, a atenção, com todos os seus atributos – direcionamento, intensidade, duração, amplitude –, é o elemento principal na formação de crenças e valores. Antes mesmo da aquisição da linguagem propriamente dita, a criança já acredita. Quando a mãe designa que o choro de seu bebê é "manha", podemos dizer que a criança "acredita" que sua mãe vai pegá-la no colo por causa desse choro. Concordo que esse é um acreditar muito básico, primário, mas é sobre sua base que são construídas as crenças mais complexas, com um maior nível de abstração e diferenciação.

Podemos nos perguntar, então, se é pertinente chamar o condicionamento pavloviano e o reflexo condicionado de crença. Sim, o que estou propondo é uma definição amplificada de crença. Os comportamentalistas adeptos de Skinner e companhia talvez não gostem muito dessa minha ideia, entretanto acho que eles não precisam se preocupar, pois não é necessário mudar nada no que fazem, nem a nomenclatura. Eles fazem um bom e útil trabalho com seus procedimentos de pesquisa e terapia para os desajustes comportamentais. Em muitos casos, a terapia comportamental realmente pode ser a solução.

O que proponho com essa definição genérica é colocar lado a lado crença e atenção, o que nos pode levar a afirmar que outros animais também acreditam ou agem de acordo com certas crenças. Quando você ensina um cachorro a dar a pata, geralmente recompensa o comportamento com alguma espécie de carinho. Quando o cão já aprendeu e seu dono lhe pede que dê a pata, em algum nível, ele "acredita" que vai receber um carinho. Tudo bem, você pode dizer: "não, isso é só um reflexo muscular". Sim, de acordo, mas também é só um outro modo de nomear e explicar o comportamento do cachorro. Agora me permita contar uma história que aconteceu por volta de 1934 com meu avô, pai do meu pai, que vivia na cidade de Libertad, no Uruguai:

Libertad está a uns sessenta quilômetros de Montevidéu, e uma vez por mês meu avô ia de carro (aqueles calhambeques dos anos 30 do século passado) até a capital para comprar mercadorias para seu negócio. Ele tinha um vira-lata nessa época, do qual gostava muito e que o acompanhava sempre. Mas o cão não entrava no carro, e meu avô nem pensava em levá-lo a Montevidéu. Um dia, quando ele saiu com seu carro para ir à capital, o cachorro começou a correr e segui-lo, sem que meu avô percebesse. A uns trinta quilômetros de Libertad há um grande rio, e o caminho mais curto para chegar a Montevidéu era cruzar esse rio com uma balsa. O carro entrou na balsa mas o cão que o seguia foi enxotado pelos funcionários. O bicho, então, teve que ficar ali naquela margem de rio. Meu avô o não viu, não soube do enxotamento e, quando chegou do outro lado, seguiu viagem. Ficou três dias na capital e, na volta, decidiu usar um caminho mais longo que cruzava o rio por uma ponte, longe da balsa. Ao chegar em casa, deram-lhe a notícia de que o cachorro havia desaparecido desde o dia em que ele partiu. Meu avô o procurou por todos os lugares, mas não o encontrou.

No mês seguinte, quando precisou volta à capital, assim que chegou à balsa para cruzar o rio, lá estava seu cachorro, que o recebeu com a alegria própria de quem reencontra alguém muito querido depois de uma muito, muito longa espera. Quem vai me convencer agora de que o cachorro do meu avô não acreditava que ele iria voltar algum dia?

Portanto, acreditar não é um privilégio do *Homo sapiens*. Penso que toda forma de vida crê, em algum nível. Não pretendo discutir se as cigarras acreditam em vida após a morte ou se a formiga acredita que o trabalho enobrece. Isso já seria um antropomorfismo exagerado, próprio de artistas, poetas, humoristas e lunáticos. Prefiro ficar com meu antropomorfismo moderado, típico de psicólogos como eu.

Permitam-me, então, continuar.

As crenças e o pensamento sistêmico

NASRUDIN E O BANDO AMEAÇADOR

Nasrudin caminhava tranquilamente quando, ao passar pelos portões do cemitério, avistou a uns cinquenta metros, vindo em sua direção, um bando de cavaleiros. Imediatamente, imaginou que seriam bandidos e que precisava rapidamente encontrar um lugar para se esconder. Então correu para dentro do cemitério e logo viu uma cova aberta vazia. Sem pensar, atirou-se para o fundo da cova e ficou lá agachado, escondido.

Não passou muito tempo até que os cavaleiros sobre seus cavalos surgiram na beira daquele buraco onde estava Nasrudin. Então lhe perguntaram: "Por que você está aí?".

Nasrudin ficou um tempo em silêncio refletindo e então respondeu, dono de si: "Estou aqui porque vocês estão aí, e vocês estão aí porque eu estou aqui".

Esta história sugere o funcionamento sistêmico das relações humanas. Vou contar um pouco o que é pensamento sistêmico. A meu ver, é uma maneira mais sofisticada de se compreender o funcionamento da vida, é outro nível de entendimento das relações e das experiências em geral. O que eu faço determina o que você faz e o que você faz determina o que eu faço. Bom, essa é uma maneira muito simplista para definir o funcionamento sistêmico, que certamente é um modo bem mais complexo de se entender como as coisas acontecem.

Um sistema é um conjunto de partes que funciona como um todo, em que a mudança em qualquer das partes afeta todas as outras em maior ou menor grau de intensidade, em um maior ou menor espaço de tempo. A Ecologia é a meu ver a ciência que melhor representa o pensamento sistêmico, talvez seja a ciência do pensamento sistêmico propriamente dita.

Quando ocorreu o desastre com a barragem em Brumadinho-MG, meu falecido, velho e querido amigo André Ruschi, biólogo e ecologista, filho do famoso biólogo Augusto Ruschi, foi visitar a região. Estando à beira do rio Doce, notou a ausência de um determinado tipo de sapo e, então, perguntou aos moradores das proximidades por ele. Os habitantes do lugar responderam que, depois da queda da barragem, a espécie havia desaparecido. André pensou um pouco e declarou: "Em breve teremos uma nova onda ou epidemia de febre amarela". Dito e feito, pouco tempo depois tivemos a tal da nova onda da febre amarela. Por quê? Porque aquele sapo que desaparecera, o André sabia, era o principal predador do mosquito específico transmissor da febre amarela, que agora estava livre de seu algoz para procriar abundantemente e infectar as pessoas ao seu bel-prazer. Isso é pensar sistemicamente. É buscar mais longe e profundamente a razão dos eventos, não ficar só no imediato e aparente.

Para pensar sistemicamente é preciso, primeiramente, acreditar ou pressupor que tudo neste universo está de algum modo conectado, ligado. Absolutamente tudo. De certo modo, eu diria, e falo assim porque não gosto de ser taxativo ou rígido em questões como estas, é como realmente crer em Deus. Acreditar na unidade do universo.

Para compreender o mundo podemos pensar de inúmeras maneiras e, dependendo da forma que escolhemos, obteremos um certo grau ou tipo de compreensão, mais ou menos adequado ao contexto em pauta. Isso também determinará a qualidade da ação desencadeada pela compreensão obtida.

Existe uma forma, em geral é chamada de modo linear de pensar, que é a mais básica e comum. É o modo causa-efeito, equivalência de significado, do qual já falei algumas vezes neste livro, e digo que é a base das nossas crenças. Com o pensamento linear, se há alguma coisa errada, por exemplo, no contexto do trabalho de uma empresa, a primeira coisa que fazemos é procurar o culpado ou responsável pelo erro. É o típico pensamento causa-efeito. Identificamos como culpado, em geral, o elemento mais óbvio e imediato. Agimos, frequentemente, como a criança que bate a canela na mesa e fica brava com a mesa por ter causado sua dor. O raciocínio do pequeno é esse: "eu não queria bater a canela e sentir essa dor horrível que estou sentindo, portanto o elemento maldoso e causador do meu ferimento foi essa estúpida mesa que ficou no meu caminho".

O filho entra no escritório do pai, que está com a porta aberta, para aproveitar essa excelente oportunidade de explorar aquele lugar tão "especial" para o pai. No meio da exploração, este chega e lhe diz que não quer que ele brinque ali. O garoto sai. Após uns cinco minutos, o pai sai gritando do escritório para o menino: "onde você pôs o meu celular que estava aqui?". O filho não tem a mínima ideia de onde está o telefone do pai. Passou um tempo, e o pai lembra que havia esquecido o celular no carro. Típico pensamento linear, causa-efeito.

Podemos facilmente reconhecer esse tipo de raciocínio em nossa vida cotidiana, tanto na nossa quanto na das pessoas à nossa volta. Claro, dito desse modo, pode parecer que o pensamento linear, além de primitivo, é ineficiente e indesejável. Nada mais distante da verdade. Para acender a luz da sala ou de qualquer cômodo da casa, preciso desse tipo de pensamento, causa-efeito: aperto o interruptor e isso causa o acender da luz. Movo a parte de cima da torneira e a água sai; viro a chave e o carro liga; digito o número e a ligação é realizada; fecho a janela e para de ventar dentro de casa; chamo e o cachorro vem; bebo água e a sede passa; tomo a aspirina e a dor de cabeça vai embora etc. etc. etc.

Sem o pensamento linear, não poderíamos fazer praticamente nada. Se, para acender a luz da sala, tivesse que recorrer ao pensamento sistêmico, teria que pensar em tudo que pudesse estar envolvido nessa ação. Desde o salário do encarregado da manutenção da usina que fornece a energia elétrica que alimenta minha casa, a checagem do pagamento da última conta de luz, o estado da fiação que conecta com a lâmpada no teto, até o impacto ambiental ocasionado pela construção da usina de eletricidade e como deveria me posicionar com relação a isso. Levaria horas ou dias para acender a luz, se é que afinal conseguiria.

O pensamento sistêmico é mais complexo que o linear. Não se trata de modo algum de dizer que um é melhor ou superior ao outro. É pura questão de pragmatismo. Dito de modo mais simples: de bom senso. Há momentos de reflexão e compreensão das coisas, com o objetivo de ampliar ou mudar mais profundamente algo. Para isso, o pensar sistemicamente pode ser mais produtivo.

Uma rotina é normalmente uma sequência de ações e, para realizar algumas das tantas rotinas da vida cotidiana, o pensamento linear costuma ser mais adequado. Porém se queremos mudar a rotina porque ela tornou-se obsoleta, ineficiente, então o pensamento sistêmico tende a ser mais útil.

Na verdade, não acredito em uma receita. para determinar exatamente quando pensar linearmente ou sistemicamente. É uma questão de experiência pessoal com ambas formas de pensar. Isto porque não podemos, na realidade, separar um tipo de pensamento do outro, eles estão entrelaçados, assim como os dois hemisférios do cérebro.

Como já dissemos, sabemos por observações e pesquisas realizadas, que o pensamento linear tem mais a ver com a ativação e o funcionamento do hemisfério esquerdo, e o pensamento sistêmico, que nos remete frequentemente ao "todo" de uma situação, tem mais a ver com a ativação do hemisfério direito. Entretanto, essa informação não é totalmente precisa, porque o cérebro funciona como um todo, e os modos linear e sistêmico estão entrelaçados, assim como o funcionamento dos hemisférios. Eles se alternam frequentemente e poderíamos dizer até que, em várias ocasiões, trabalham juntos, de modo simultâneo. O que considero mais importante, aqui, é frisar que, para pensar sistemicamente, é preciso pensar no todo, considerar a reunião dos elementos participantes da situação considerada de modo completo.

Esses são princípios básicos do pensamento sistêmico: todos os elementos de um sistema devem ser considerados e o todo é mais que a soma de suas partes. No pensamento linear, consideramos o funcionamento das partes geralmente em relação a outra parte, mais próxima ou óbvia. No máximo em relação a um número limitado de partes. No pensamento sistêmico, pensamos necessariamente na relação da parte com cada uma das outras, e com o todo, seja ele qual for em dado contexto.

A pergunta agora seria: mas qual a relação dessas coisas que acabo de escrever com as crenças?

Podemos pensar nas crenças de modo isolado ou de modo sistêmico. Quando trabalho com uma crença limitante de algum cliente, prefiro pensar sistemicamente, porque as soluções tendem a ser mais profundas e duradouras. Entretanto, às vezes, trocar, simplesmente, uma crença limitante por uma facilitadora pode ser o suficiente em determinados casos – como fazem os behavioristas clássicos com os comportamentos inadequados dos pacientes.

Como dizemos na PNL, as crenças não vêm sozinhas, elas andam em bandos. Chamamos isso de um modo mais sofisticado: sistema de crenças.

Por exemplo, quando um obeso diz que faz dieta há vinte anos, mas continua obeso, tem uma "crença" de que dieta não ajuda a emagrecer. Podemos descobrir outras crenças por trás desta: "Ser refém de uma dieta me tira autonomia"; "Fazer dieta significa reconhecer que estou doente, mas não me sinto doente"; "Se a dieta funcionasse todos os obesos que conheço estariam magros"; "Essa dieta não me satisfaz, portanto não serve para mim"; "Se emagrecer vou ficar bonita e atraente e vou ter que lidar com os assédios masculinos, e isso me dá muito medo"; "Os magros são fracos e não tem boa saúde, como dizia minha mãe"; "Em casa, a hora das refeições é a mais alegre do dia, é quando nos divertimos com mais prazer, e a dieta só estraga essa alegria"; "Se parar de comer como sempre faço, a ansiedade vai acabar comigo"; "Minha mãe fica feliz quando como bastante, e eu gosto de deixar minha mãe feliz".

Todas essas relações de causa-efeito e equivalências de significado, e outras que não citei, formam no interior do sujeito o que chamamos de "um sistema de crenças". Essa lista que fiz acima é aleatória, entretanto, quando encontramos um conjunto de crenças que está relacionado com uma limitação de alguém, como a obesidade, vamos notar, à medida que questionamos, que algumas delas são mais "centrais" e, portanto, determinantes do quadro limitante. Desse modo, trabalhar para modificar essas crenças mais nucleares agiliza o processo de mudança. Normalmente, identificamos as crenças mais centrais pela intensidade da carga emocional associada a elas. Quando tocamos e enunciamos tal crença, obtemos uma reação mais "forte" por parte do sujeito. Podemos notar alterações fisiológicas, aceleração do coração, irritação, riso nervoso, negação com explícita alteração emocional. Geralmente, o próprio sujeito nota isso em si mesmo e compartilha esse *feedback* com o terapeuta.

A ideia principal, que sustenta uma abordagem sistêmica do processo de mudanças das crenças limitantes, é a de que mesmo estas tiveram sua origem no desempenho de alguma função necessária nos sistemas físico, emocional e social do indivíduo. Para exemplificar, em sua vida, o sujeito pode ter passado um período emocionalmente difícil devido às instabilidades do contexto familiar, muitas vezes na infância. Essa conjuntura trazia angústia, ansiedade e insegurança, e a atividade alimentar intensa acalmava temporariamente o mal-estar. Hoje esse sujeito é adulto, vive em sua própria casa e tem muitos outros recursos, muito mais adequados e, inclusive, eficientes do que comer muito para lidar com angústias e ansiedades. Mas o hábito, a acomodação relativa e a inconsciência tendem a manter o padrão de comportamento da infância. Tornar-se consciente da função do comportamento naquela etapa de sua vida o torna muito mais capaz de mudar a conduta alimentar e assim conseguir alcançar o peso desejado.

Pensar de um modo sistêmico sobre qualquer crença, conduta, hábito ou atitude implica sempre em fazer a pergunta: "qual a função disso no sistema, para que serve, consciente e inconscientemente?". É preciso pensar mais amplamente, muitas vezes conectar diferentes áreas da vida do sujeito, pensar no todo, pensar que todas as nossas partes e aspectos estão conectados. Algumas vezes de modo consciente, mas muitas vezes de modo inconsciente, e é justamente nessas conexões inconscientes que encontramos a chave para desvendar o mistério gerador da limitação.

Crenças e linguagem

Em boa parte dos parágrafos anteriores, referi-me às crenças de um modo bem básico e genérico. Meu intuito foi identificar a origem do processo, da formação das crenças. Há muito tempo me pergunto: o que é um valor? O que faz de algo um valor? Como já mencionei antes, o que dá a algo um valor é o modo como nos relacionamos com ele ou o tipo de conexão estabelecida entre nós e o que quer que seja. Podemos ir em direção ou nos afastarmos de algo. Tendemos a apropriar-nos das coisas que gostamos, que nos interessam, que necessitamos, que são importantes para nós, e assim concedemos a elas valores. O que confere ou subtrai valor de algo é nossa crença. Nossa crença se manifesta tanto por meio de ações verbais como não verbais. Não necessitamos da linguagem para crermos em algo, mas graças a ela podemos identificar, formular e expressar as crenças de modo mais claro e consciente.

Existe uma grande variedade de formas de linguagem, a dos símbolos, dos sinais, das palavras, das plantas, dos animais, dos astros. Enfim, é possível classificar muitos tipos de linguagem, mas aqui quero me referir especificamente a linguagem verbal ou das palavras. Uma palavra é um som ou uma imagem gráfica que representa algo, um objeto, uma pessoa, uma situação, um lugar ou tudo aquilo que somos capazes de comunicar. Elas são o verdadeiro exemplo de nossa capacidade de representação e abstração.

A palavra não é a coisa por ela designada. A palavra cadeira não é aquele objeto específico no qual nos sentamos, mas ao mesmo tempo, em certo sentido, é. Porque sem a palavra e sua definição, "aquilo" seria outra coisa qualquer, e não uma cadeira. Por isso é tão fácil confundir as palavras com as coisas por elas designadas. É pelas palavras e pelos conceitos por elas definidos que identificamos nossas experiências no mundo, e assim podemos decidir o que fazer.

Sabemos que, antes da utilização da linguagem verbal propriamente dita, já fazíamos uma porção de coisas. Minha ideia é que utilizávamos outras linguagens que antecederam as palavras. Certamente, era uma linguagem muito mais concreta e de um nível bastante primário de abstração se comparado ao nível necessário ao uso das palavras e dos conceitos. Depois veio a palavra escrita, que representou certamente, outra dessas surpresas de expansão de possibilidades. Os substantivos abstratos como, liberdade, responsabilidade, amor, depressão, sabotagem etc., requerem um nível de abstração bem maior que os substantivos concretos – cadeira, mesa, chapéu, sapato etc. É bem mais fácil considerar a existência de um sapato como sendo verdadeira do que, por exemplo, a existência da liberdade em nossas vidas.

As palavras trouxeram ao ser humano uma capacidade de definir as coisas, delimitar as experiências, identificando-as por meio de nomes, verbos e adjetivos. Elas ampliaram consideravelmente nossa capacidade de organizar nossa existência e nossas relações. Assim como hoje nos surpreendemos com a quantidade de informações que podem ser armazenadas e as possibilidades de sua utilização através de uma caixinha plástica ou metálica (um computador ou celular), poderíamos nos surpreender com o começo da utilização das palavras, com o que elas representaram para o armazenamento e a utilização de informações no cérebro.

No tempo pré-verbo, as crenças se limitavam basicamente a condição de reflexo condicionado, creio eu, e depois, com o desenvolvimento da utilização das palavras, as crenças se tornaram mais amplas e complexas, formando cadeias e redes, e aprofundaram sua influência nas decisões e ações do ser humano. Acredito (é difícil provar isso) que as primeiras "religiões", aquelas baseadas no culto e adoração de elementos naturais, como o Sol, a Lua, a chuva, os trovões, os animais, as plantas, as montanhas etc., começaram a formar sistemas mais complexos, que viriam a ser as grandes religiões de hoje. São esses sistemas que determinam valores e crenças dentro de uma cultura.

Mesmo que algumas pessoas não sejam adeptas da religião predominante em um determinado lugar, ainda assim podemos detectar seus valores e crenças influindo em suas atitudes, comportamentos e falas. Quantos indivíduos, por exemplo, que se declaram sem credo religioso acreditam na importância de ajudar o próximo, na promessa de um casamento para a vida inteira, na fidelidade, na condenação do roubo e assim por diante. Todos esses são valores e crenças cristãos. Graças à linguagem, por meio de conversas e histórias contadas, essas pessoas foram e são influenciadas consciente e inconscientemente, e aderem, por convivência familiar e comunitária, a boa parte dos princípios norteadores dessa religião.

Formular com palavras nossas crenças é um passo essencial para identificar sua procedência, estudá-la, fazê-la consciente e, assim, poder gerar a escolha de se queremos ou não seguir enxergando o mundo e tomando nossas decisões a partir delas.

Crenças e generalizações

Outro dia, conversando com um músico, ele me disse: "músico não ganha dinheiro". Perguntei-lhe porque ele pensava assim. Ele respondeu: "porque não estou ganhando e a maior parte dos que eu conheço, apesar de serem muito bons e competentes, não ganham o suficiente para arcar com suas despesas básicas". Em primeiro lugar, podemos identificar na primeira frase uma relação de causa-efeito. Ele está dizendo "músico não ganha dinheiro", ou seja, ser músico e atuar como tal não "causa" dinheiro. Quando pergunto-lhe porque pensa assim, responde com uma equivalência de significado: "eu tenho a evidência de que não ganho o suficiente, portanto isso significa que nenhum músico ganha o suficiente". Temos aqui uma clara generalização. A partir de um caso particular, ele generalizou todos os outros casos. Fez o mesmo quando afirmou que a maior parte dos músicos que ele conhece também não ganham o suficiente. Ou seja, se no meu círculo de conhecidos músicos a maior parte não ganha o suficiente, generalizo isso para todos os músicos do planeta.

A partir de uma experiência específica, crio uma generalização para praticamente todas as experiências similares. As crenças resultam principalmente de generalizações inadequadas, e isso no sentido de que não representam a verdade. Assim, muitas vezes, aquela relação de causa-efeito ou de significado não acontece.

O exemplo do músico mostra uma crença limitante óbvia. O problema aqui é justamente o conjunto de evidências observado que a comprovam na experiência daquele que faz a afirmação. Nesses casos, corre um fenômeno muito interessante no funcionamento das crenças. Elas, como muitos já disseram, funcionam como uma espécie de filtro da nossa percepção. Ao pensar assim, como o sujeito acima, o músico vai "tender" inconscientemente a prestar atenção só naqueles músicos que confirmam sua tese e a não considerar, dar menos importância ou justificar os que refutam sua crença, de modo a desconsiderá-los como evidência do contrário. As crenças direcionam nossa atenção, distorcem nossa percepção, para que fique de acordo com elas. Eliminam, distorcem e generalizam os elementos captados por nossos sentidos.

A forma mais comum de expressão de uma crença é o juízo. Por exemplo: o dinheiro é sujo, os políticos são corruptos, os adolescentes são difíceis, a vida é dura. Ou seja, ao acoplarmos aos substantivos um adjetivo, acabamos por criar um juízo, atribuir qualidade ou avaliar algo. Então podemos perguntar: por que você acha que é assim? E obteremos como resposta uma relação de causa-efeito ou uma equivalência de significado. Quando alguém diz que adolescentes são difíceis, e lhe perguntamos por que, poderíamos obter a resposta: "porque eles não obedecem aos pais". Isso cria uma relação de causa-efeito: a desobediência causa dificuldades.

Podemos emitir um juízo também a respeito das ações das pessoas. Por exemplo, combino com um cliente uma reunião para o dia seguinte com o intuito de fechar um negócio, ele não aparece e não dá nenhuma explicação. Posso, então, dizer: "eu desconfiava, ele não vai fechar o negócio". Com isso, estou dizendo que o fato de não vir à reunião significa, no meu mapa, que ele não quer fechar o negócio. Portanto, temos aqui uma equivalência de significado. Poderíamos pensar em uma infinidade de outros significados para a ausência do sujeito na reunião combinada, mas escolhi essa porque fechar o negócio nesse momento era o mais importante para mim.

Crença e fé

Por muito tempo, confundi crença e fé. Pensava que eram a mesma coisa, com a única diferença de que a palavra fé era mais frequentemente utilizada pelos padres. Na infância, na adolescência e em boa parte da juventude, percebia a palavra fé como sendo exclusiva do âmbito das religiões. Depois aprendi que fé significa considerar algo verdadeiro sem nenhuma prova ou evidência de sua verdade. A fé se caracteriza principalmente pela ausência de dúvidas, como na história contada pelo professor de tai-chi-chuã que relatei algumas páginas atrás. Portanto, na fé não existe preocupação com comprovações, evidências e explicações. Deus existe e ponto. Não há nenhuma possibilidade do contrário.

As pessoas costumam dizer que alguém tem muita ou pouca fé – e isso não só porque temos o humano vício de quantificar e comparar sempre que podemos, mas também porque as pessoas confundem fé e crença, muitas vezes usando os termos como sinônimos. Contudo, em meu relativo entendimento, a fé não admite meio termo, ou você tem ou não tem. Por que, se não for assim, tenho que pensar que fé e crença são a mesma coisa, e isso para mim é confuso. No meu entender, como já disse, crença e fé, apesar de serem parentes, são coisas diferentes. Uma crença, diferentemente da fé, busca provas para se sustentar como conhecimento sobre alguma coisa e, muitas vezes na ausência dessas provas, inventa tais evidências.

Podemos acreditar em algo estando conscientes disso, e inclusive sabendo que é uma crença e não tendo muita certeza se aquilo é ou não é assim. Quando começo a correr uma maratona, acredito que vou chegar ao final dos 42 quilômetros, mas lá pelos trinta, começo a duvidar se isso é verdade. As pernas e os pés doem, pensamentos que questionam o sentido daquilo começam a proliferar, mas alguns ainda resistem, levando-me a pensar: "falta pouco, eu consigo". Portanto, a crença, apesar das dúvidas, continua existindo. A fé não; se surge a dúvida, é porque deixou de existir.

Crenças e ideias

Uma crença é um tipo de ideia. Pensando em níveis lógicos, ideia é a classe, e crença, um membro dessa classe. Originalmente, a palavra ideia vem de *ideos*, imagem, depois passou a ser identificada com imagens em nossa mente, representações mentais produzidas através dos sentidos, dos processos de pensamento e da memória. A crença é um tipo de ideia que resulta de certas relações que estabelecemos entre elementos de uma situação. Muitas vezes, utilizamos a palavra ideia como sinônimo de crença e de outras coisas, como intenção, opinião, estima etc. No entanto, considero importante diferenciar ideia de crença nesse processo de busca de compreensão do que é uma crença.

O grande hipnoterapeuta Milton Erickson disse em certa ocasião que toda terapia se resume a um único movimento, o de trocar más ideias por boas. Considero essa afirmação uma síntese genial de um processo terapêutico. Por exemplo: chega um paciente com depressão e você pergunta o que está acontecendo; ele responde que a vida está difícil, que nada dá certo, que ele só tem pensamentos ruins, que não tem ânimo para nada. Aqui você pode identificar várias más ideias, a começar por generalizar alguma dificuldade específica ou uma falta de ânimo específica. O que precisamos conseguir é que esse sujeito tenha boas ideias, como a de que existem coisas que são fáceis para ele ou que há outras que o animam. A questão está em como fazer essa transição das más para as boas ideias. Às vezes é fácil e instantâneo, mas também pode levar muito tempo e dar trabalho. Algumas vezes, pode ser até impossível. Isso porque o problema está no modo como conectamos as ideias em causa-efeito e equivalências de significado.

Contudo, o que gostaria de mostrar é como as crenças atuam em diferentes áreas da vida. Principalmente, desejo apontar como é importante identificá-las e, principalmente no caso daquelas que são limitantes, e mudá-las de modo que possamos superar os obstáculos por elas impostas nos variados setores de nosso cotidiano. É claro que podemos diferenciar uma infinidade de temas, e isso pode ficar por conta de quem está fazendo esse trabalho. Eu vou diferenciar algumas áreas de acordo com o que considero útil, mas você pode diferenciar e nomear do modo que considere mais adequado e eficiente para o seu caso. Isto é bastante pessoal, ou seja, depende de cada pessoa. Apesar de algumas crenças serem comuns a muitos indivíduos de uma mesma cultura, e existirem algumas que podem ser comuns a maior parte da humanidade, independentemente da cultura a qual pertença o sujeito, continuo acreditando válida a afirmação: “cada caso é um caso”.

Crenças e saúde

A DOENÇA DA MINHA MULHER

– Bom dia, Nasrudin – disse o médico do povoado –, como posso ajudá-lo?

– Trata-se da doença da minha mulher.

– Está doente?

– Sim, e me disse que era melhor que eu viesse lhe dizer que ela gostaria de vê-lo.

– Então devo ir imediatamente?

– Não. Depois ela me disse que se sentia melhor, e para que eu viesse até o senhor dizer-lhe que, apesar de que terias tido que ir se ela não tivesse melhorado, dado que ela se recuperou, o senhor não precisa ir, de modo algum.

Estou me referindo, neste item, a como lidamos com nosso bem-estar físico e emocional. Como enfrentamos doenças ou todo tipo de acidentes que ameacem a integridade física e a sobrevivência, tanto nossa como das pessoas à nossa volta. Tem gente que "vive" doente, só fala de doença e toma remédio mesmo que não tenha nada, e há quem "nunca" fique doente e se negue a tomar remédios. Uns, quando adoecem, se enclausuram e ficam em pânico, outros vão trabalhar com febre, sentindo-se péssimos, mas parecem não se importar. Nossa relação com a saúde está infestada de crenças, tanto limitantes como facilitadoras, e isto é assim porque nosso organismo é comprovadamente vulnerável àquilo que pensamos e acreditamos sobre ele.

Muita gente já ouviu falar do "efeito placebo", que há muito tem sido observado e estudado. Cada vez que um novo antibiótico é desenvolvido deve passar por uma fase de testes. As pessoas que precisam daquele tratamento e aceitam participar da pesquisa são divididas em grupos. Um deles, com 30% dos sujeitos, será submetido a um tratamento placebo; ou seja, receberão uma cápsula idêntica a do antibiótico real, entretanto sem o elemento ativo. As pesquisas mostram que, em 50% das pessoas que ingeriram o placebo, o efeito é muito parecido ao do antibiótico real. É importante frisar que tanto os sujeitos que ingeriram o placebo como os pesquisadores não estavam cientes de quais cápsulas continham o antibiótico ou não. É o que em pesquisas desse tipo é chamado de duplo cego. Também se observou que indivíduos para quem o placebo funciona, quando ingerem o princípio ativo, o efeito é muito mais potente do que naqueles em que o placebo não funciona. Robert Ornstein é um psicólogo norte-americano que já participou de muitas pesquisas relacionadas à saúde e sua relação com crenças, atenção e ideias, e aborda o efeito placebo em seus trabalhos. Há um livro escrito por ele e um colega, que eu recomendo, chamado *Healthy Pleasures*.

Enfim, o que mais me interessa aqui é como aquilo que pensamos afeta nosso estado de saúde, porque temos inúmeros casos descritos e comprovados de tais influências. Inclusive, estamos vivendo um momento único com relação às crenças sobre saúde. Presenciamos inúmeras discussões sobre como lidar com a covid-19: se o isolamento funciona ou não, se a vacina será eficiente ou não, se causará danos colaterais ou não, se deve ser a da China, da Rússia, a de Oxford, ou a do Butantã. Existem, inclusive, dúvidas sobre se a covid-19 deve realmente ser temida como algo terrível ou algo não tão dramático como muitos anunciam. Alguns acreditam que é só mais uma gripe, e que o mundo enlouqueceu, outros consideram esse evento como o começo da extinção da raça humana. Muitos dizem que há fortes interesses econômicos por trás de todo esse pânico gerado e das medidas dos governos em relação à pandemia. As teorias da conspiração que surgem diariamente são óbvios sistemas de crenças em ação.

Boa parcela do medo que sentimos no dia a dia está fundamentada em ideias ou crenças limitantes. Meu vizinho me conta que seu primo pegou covid-19 e está entubado no hospital em estado gravíssimo. Deixo nossa conversa preocupado e tenso, infestado de imagens ruins e com o seguinte pensamento (crença): "se ele, primo do meu vizinho, pegou e está assim, eu também posso pegar e ficar mal". Quase inconscientemente fico pensando: "a doença está chegando cada vez mais perto, e isso me deixa mal". Poderia também pensar: "ainda bem que foi o primo do meu vizinho e não ele, ou seja, a doença está passando longe de mim, e então fico mais tranquilo". É o que chamamos de crença facilitadora, porque me tranquiliza.

Será então que essas coisas são tão simples assim: se uma ideia me deixa tenso é uma crença limitante, se me tranquiliza, é facilitadora? Não, a coisa é um pouco mais complexa. Uma ideia pode me tranquilizar simplesmente porque nega o perigo, e assim me torna mais vulnerável ainda, e outra pode me deixar tenso, mantendo-me afastado do perigo, protegendo, então, minha saúde. Portanto, uma ideia tranquilizadora, otimista, pode estar negando uma realidade. É o que comumente chamam de negacionismo.

Mas porque alguém negaria um perigo? Como não poderia deixar de ser, por causa de outras crenças anteriores. Quando somos crianças, não temos certos problemas porque simplesmente não temos conhecimento e não pensamos neles. Por exemplo, uma criança de 5 anos não tem o problema de ter que pagar a conta da água e não ter dinheiro, porque ela simplesmente não tem conhecimento disso nem precisa pensar nisso. Não sabendo do problema, ele não existe para você. Desde muito cedo, aprendemos que negar a existência de algo difícil nos livra dessa dificuldade, ainda que temporariamente. Já adultos e acostumados a essa estratégia, olhamos a pilha de louça suja na pia e simplesmente não notamos a bagunça, livrando-nos do árduo trabalho de arregaçar as mangas e começar a lavar. Às vezes funciona, mas frequentemente tem alguém por perto que abre nossos olhos.

Portanto, muitos de nós temos uma crença básica, trazida da infância, que diz: "se não olhar, não pensar ou não der atenção, você se livra do problema e, portanto, da 'difícil' tarefa de ter que resolvê-lo". Há uma frase assim: "um otimista é um pessimista com uma informação a menos". Quero deixar claro que não tenho nada contra o otimismo, pelo contrário, tenho uma tendência otimista e, em geral, acho que isso me ajuda a viver melhor. Entretanto, muitas vezes temos que reconhecer que é melhor ser realista. Também não penso que ser realista é ser pessimista. Estar em contato com a realidade sensível em uma boa parte do tempo é essencial para uma vida razoável. Negando o buraco que está em meu caminho, posso chegar ao inferno.

Ser otimista para mim não é enfeitar a realidade sensível e negar suas limitações. Ser otimista é obter o melhor do que a vida nos apresenta, é tirar proveito das adversidades. Ser otimista é acreditar em nosso potencial para melhorar todos os dias e reconhecer a importância de cada pequeno passo e avanço. Ser pessimista não é necessariamente ruim, principalmente quando nos leva a considerar dados de realidade e limites concretos. Numa guerra, o otimismo pode matar, e o pessimismo pode salvar a vida. Portanto, vale a crença, pressuposição da Programação Neurolinguística: todo comportamento é útil em algum contexto, nenhuma conduta é boa em todos os contextos. Tanto pessimismo como otimismo se tornam limitantes quando exagerados.

Quando sentimos uma dor, é natural que queiramos fazer algo para aliviá-la. Não gostamos da dor, gostamos do prazer, do bem-estar. Mas se por qualquer "dorzinha" marcamos uma consulta médica e entramos em pânico achando que provavelmente estamos com uma doença grave e mortal, isso é sinal da atuação de alguma crença limitante, que geralmente está inconsciente. Por exemplo: "as piores doenças são sorrateiras, traiçoeiras. Quando você menos espera elas atacam, e se não agir rápido elas vão me liquidar". A doença se transforma em uma espécie de monstro das trevas, e o vírus ou bactéria que servem de vetor passam a ter intenções e inteligência estratégica na mente do sujeito. Essa é claramente uma crença limitante, porque ocupa plenamente os pensamentos do indivíduo, deixando-o por conta dessa única questão, sem possibilidades de fazer ou pensar qualquer outra coisa que não seja "a doença". Podemos dizer que, em linhas gerais, é assim que funcionam os chamados hipocondríacos. Qualquer dorzinha ou sensação estranha é motivo para preocupações, ir ao médico, fazer exames, tomar remédios.

Quero recordar aqui, mais uma vez, que em certas ocasiões uma crença limitante pode se tornar facilitadora, e uma facilitadora pode se tornar limitante. O hipocondríaco tem essa reação desproporcional dezenas de vezes com relação a certas dores e sensações inócuas, entretanto pode ser que vez ou outra realmente consiga se livrar de algo potencialmente grave. Justamente por isso, ele não consegue deixar a crença, porque às vezes ela funciona. É assim que se desenvolvem as superstições. Em uma das dezenas de vezes que o fulano passou por baixo de uma escada, tropeçou e quebrou o braço, isso pode ser suficiente para ele acreditar que passar por baixo da escada dá azar. Boa parte das superstições se alojam no cérebro seguindo essa mesma dinâmica.

Recordo que, quando era criança, por praticamente toda minha infância nos anos 1950 e 60, havia algumas doenças que, como fantasmas, assustavam meus pais, principalmente minha mãe, e a maior parte dos adultos daquele tempo. Esses monstros horrendos eram a poliomielite ou paralisia infantil, a varíola, a doença de chagas, o reumatismo infeccioso e o carrasco mor, o câncer, que nessa época em 90% dos casos era realmente uma sentença de morte. Lembro, na puberdade e adolescência, de sofrer de insônia, com a preocupação de que minha mãe estivesse com câncer, porque ela fumava e se queixava de dores no peito. Aquilo me angustiava profundamente. Muitas noites, ficava acordado na cama com muito medo de ser mordido por um barbeiro, o transmissor da doença de chagas, principalmente quando íamos a algum sítio ou para a praia em alguma casa no meio do mato. A possibilidade de ficar cego pela razão que fosse também me atormentava muito. Não enxergar era uma condenação, uma limitação gigantesca, quase um fim da vida. Hoje sabemos que não é bem assim, é ruim, mas sabemos que muitos cegos são felizes apesar de não enxergarem, e inclusive, muitas vezes veem mais que muitas pessoas que têm olhos saudáveis.

Todo esse mal-estar que vivi na infância e na adolescência com relação a minha saúde e a das pessoas próximas estava baseado em um sistema de crenças limitantes, tanto na minha família como na cultura daquela época. Eu e meus irmãos éramos proibidos de tomar banho após as refeições, pois causava congestão e poderíamos morrer. Essa crença me acompanhou até quase os 20 anos. Mas, apesar de tudo isso, sempre tive a sensação de ter boa saúde, de ser forte fisicamente. Acho que tive todas as doenças infantis, sarampo, catapora, caxumba, rubéola, gripes, bronquite com tosse e dor de garganta, disenterias várias. Ralei joelho, cotovelo e pisei em prego várias vezes. Ah! Lembrei que o tétano também era um fantasma – como várias outras crianças, eu e meus irmãos vivíamos nos machucando em brincadeiras de rua, pulando muros e cercas. A raiva era outro monstro, descrita como uma doença mortal, sem possibilidades de cura – e me parece que até hoje é assim. Somente duas ou três pessoas no mundo escaparam da morte por contrair a raiva, o que de algum modo abre uma esperança, que por sua vez pode albergar algumas crenças facilitadoras.

Recordo muitas vezes da minha mãe dizendo: ficar com a roupa molhada no corpo causa resfriado. Uma relação de causa-efeito que já me gerou muitos resfriados, entretanto tenho muitos contraexemplos, situações em que fiquei com roupa molhada e não me resfriei. Também já vi muitas pessoas que não se resfriaram por causa da roupa molhada. E hoje já me resfrio bem menos que antes. É um fato que, apesar de todos os medos de doenças vividos na infância, sempre tive boa saúde e aprendi a reconhecer isso principalmente por duas razões: minha mãe repetia com muita frequência que eu me parecia com meu pai; e não recordo, em toda minha vida, de ter visto meu pai com febre. Por outro lado, minha mãe periodicamente ficava fortemente gripada e tinha muita febre. Não que ela fosse uma mulher frágil, ao contrário, era bem forte, nadava muito bem, quando íamos à praia nadava até a perdermos de vista, a ponto de deixar meu pai e todos nós apreensivos, mas ela sempre retornou a salvo.

As minhas crenças limitantes relacionadas às doenças certamente vieram por evidente influência da minha mãe, ela era quem anunciava sempre dramática e sinistramente a aproximação de alguma enfermidade perigosa. Meu pai não, ele parecia não se interessar por esse assunto, ou pelo menos não o recordo falando dessas coisas. Entretanto, lembro que, quando íamos de férias para a praia com minha mãe e meu pai ficava em São Paulo trabalhando, ele sempre nos dava inúmeras vezes a recomendação de não entrar no mar além da água na cintura, porque era muito perigoso. Meu pai nadava muito mal e, portanto, era compreensível seu medo de nos afogarmos. Ele dizia: "o mar é traiçoeiro". Uma óbvia crença limitante, mas que pode salvar a vida e, quem sabe, pode ter salvo a nossa, minha e de meus irmãos. Mas talvez essa seja a razão porque eu não pratiquei mais esportes aquáticos: surfar, velejar, *windsurf*, esqui aquático etc.

Acabo de ter um insight! Na realidade, pratiquei relativamente pouco pelo tanto que frequentei praias. Provavelmente, um medo semiconsciente da "traição do mar". Considero-me um bom nadador, mas quando olho o mar lá longe, as águas mais profundas, me dá um receio, a sensação de algo perigoso que pode vir do fundo e me atacar: tubarões, peixes estranhos, correntes fortes etc. A verdade é que apesar de enfrentar em várias ocasiões a situação, não me sinto à vontade, quero logo acabar com aquilo, e o desfrute fica comprometido. Crenças limitantes em ação.

Penso que falar de saúde também abarca a área dos medos relativos a possíveis acidentes que ameacem nossa integridade física de modo geral. Por isso aquelas ideias que nos atrapalham ou inibem em certas atividades em que é possível algum tipo de dano físico podem ser consideradas crenças limitantes. Afirmo isso considerando também um certo bom senso. Por exemplo: ficar temeroso e inseguro, quando o motorista do carro em que estamos viajando acelera a mais de duzentos quilômetros por hora em uma estrada em que o máximo permitido é 120, não pode ser considerado consequência de crença limitante, mas sim do nosso natural instinto de sobrevivência.

Há uma grande quantidade de ideias que podemos enquadrar no âmbito das crenças na área da saúde, sejam limitantes ou facilitadoras, e aqui listo algumas:

- Não gosto de tomar remédio, porque em geral produzem mais danos ao organismo do que saúde.
- A indústria farmacêutica cria doenças para poder vender mais remédios.
- Não gosto de ir ao médico, porque em geral eles estão mais interessados em ganhar dinheiro do que cuidar realmente da saúde dos pacientes.
- Tenho boa saúde, quase nunca fico doente.
- Gosto de ter sempre muitos remédios em casa, pois nunca se sabe o que pode acontecer.
- Sou fraco, fico facilmente doente.
- Ser gordo é ter saúde.
- Sou como avestruz, posso comer qualquer coisa.
- Tenho medo do hospital, não vou nem para visitar amigos.
- Evito tomar sol, porque causa câncer.
- Eu sei mais sobre saúde do que os médicos.
- Só os médicos entendem de saúde, os outros não.
- Essa doença foi um castigo de Deus por ter agido mal.
- Se pulo uma refeição me dá fraqueza e posso passar mal.
- Se fizer exames, sempre vai achar algo errado.
- Sinto uma vaga dor no peito, devo estar com algo grave no pulmão.
- Tenho 60 anos e acabo de esquecer o nome de alguém, deve estar começando o Alzheimer.

Crenças sobre dinheiro e trabalho

Esta é também uma área muito fértil no que diz respeito a crenças, limitantes ou facilitadoras. O dinheiro é uma representação de valor reconhecida amplamente pelos seres humanos há muitos séculos. Antes do dinheiro, as pessoas trocavam as coisas. Imagino que quem produzia sapatos os trocava por alimento, os que criavam vacas trocavam o leite por farinha, ou qualquer outra coisa que precisassem e fosse possível trocar. Era um sistema no qual o valor das coisas estava muito atrelado às necessidades reais, mas tinha o problema, creio eu, de que, se a pessoa que tivesse o que outra necessitasse e não necessitasse do que essa outra tinha para oferecer, isso travava o fluxo das transações. Foi então, quando os humanos descobriram que a moeda poderia representar o valor das coisas, e uma vez obtida, então, poderia ser trocada por qualquer outra coisa que se precisasse.

O dinheiro foi uma grande invenção, no sentido de ter desencadeado grandes mudanças nas relações humanas e nas relações das pessoas com o mundo em geral. Acelerou e ampliou as atividades comerciais. Na verdade, o surgimento do dinheiro, entre outras coisas, também evidenciou nossa especial capacidade de abstração e crença. Claro que, no princípio, genericamente falando e apelando à minha imaginação, para não apelar tanto ao Google, boa parte das moedas eram de ouro, um metal precioso e muito valorizado, o que facilitava a confiança do indivíduo que entregava seu precioso produto em troca dos círculos metálicos. Mas com o passar do tempo, vieram as moedas de prata e de cobre, cujo valor era e é ainda bem menor que do ouro, até chegar ao papel, o qual requer de nós uma grande capacidade de abstração, enorme confiança no sistema e, mais especificamente, nos outros seres humanos e suas relações. Hoje o dinheiro já passou por várias transformações em direção a ser cada vez mais abstrato: de papel impresso pelos governos a papéis impressos pelos bancos (quase como se fossem falsificadores, será?) na forma de talões de cheques, depois cartões e, hoje, os dígitos nas telas dos computadores e smartphones.

Não é por acaso que vivemos uma época em que o valor das coisas está dramaticamente relativizado. Não sabemos mais ao certo o valor de uma árvore, de uma floresta, do ar puro, da água limpa, dos animais, da natureza em geral, da beleza, da arte, da alegria, da amizade real, do amor das pessoas, da harmonia, do equilíbrio, e tantas outras coisas.

Mas retornando ao nosso tema principal, todos nós albergamos muitas crenças sobre o dinheiro: como ganhá-lo, gastá-lo, guardá-lo. Sobre quanto e como ganhar. Muitas pessoas se queixam da falta de dinheiro, pois ele se tornou sinônimo de capacidade de fazer as coisas. Ter dinheiro é ter poder. Essa crença está encalacrada na maior parte das pessoas: "Tendo dinheiro, posso fazer o que preciso, quero e sonho. Se não tenho, não posso sair do lugar, não consigo fazer quase nada". É muito fácil gerar argumentos lógicos para defender essas afirmações, qualquer pessoa de bom senso, hoje em dia, nem questiona isso. Ao longo do tempo, essa ideia se tornou tão "verdadeira" que passou a determinar nosso modo de vida, nossos valores e o significado que damos às coisas. "Tempo é dinheiro", frase antiga e amplamente conhecida no meio profissional. Mas o que realmente ela significa? É quase a mesma coisa que dizer: "dinheiro é vida" ou "vida é dinheiro". Podemos vislumbrar as consequências dessa concepção na vida das pessoas que, consciente ou inconscientemente, acreditam nisso.

O representante do valor das coisas se converteu no próprio valor. Penso que, de tanto representá-lo, esqueceu quem realmente era e tornou-se quem não era. É como o sujeito, que, de tanto contar a mesma mentira, acabou acreditando que ela era verdade. "O hábito faz o monge." Mas o que fazer? Vivemos neste mundo assim como é, e de algum modo temos que nos adaptar para poder continuar.

O mundo da literatura de autoajuda está repleto de livros cujo assunto central é o dinheiro. "Como ficar rico sem fazer esforço", "Como ganhar dinheiro sem sair de casa", "Não corra atrás do dinheiro, faça com que ele corra atrás de você", etc. etc. etc.

A verdade é que todos nós precisamos, de algum modo, ganhar dinheiro para viver, pagar as contas da casa, supermercado, aluguel, impostos, gasolina, escola das crianças, férias, eletrodomésticos, internet, taxas bancárias, roupa, luz, água, telefone.... Algumas pessoas, muitas vezes sem saber porque, têm facilidade para ganhar dinheiro, e outras, sem na maior parte das vezes entenderem porque, têm dificuldade em obter o vil metal de maneira suficiente para saldar seus compromissos e realizar seus sonhos. Neste último caso, se conversarmos com esses indivíduos e fizermos algumas perguntas sobre o porquê de suas dificuldades financeiras, descobriremos uma série de crenças limitantes que sustentam a situação por eles vivida:

- Por que você está sem dinheiro? Porque ganho menos do que preciso.
- Mas por que é assim? Não sei, eles não valorizam muito meu trabalho.
- Por quê? Porque tem muita gente que faz isso.
- E por que você não faz alguma coisa que elas valorizem mais?
  Porque não sei.
- Por que não aprende? Mas o quê? Como? Eu não tenho ideia!

Quando chegamos a esse ponto, em que o sujeito diz "não sei, não sei", certamente, se persistirmos um pouco mais nas perguntas e não formos agredidos por isso, encontraremos crenças mais antigas e profundas como "meus pais sempre tiveram dificuldades com dinheiro. Por que comigo, que sou filho deles, haveria de ser diferente? Parece que é de família, não é?". Ou poderíamos escutar: "meu irmão está bem de vida, mas isso é porque minha mãe dizia que ele era igual ao pai dela, bom de negócio, e eu era como meu pai, sem ambição".

Quando criança ouvi muitas vezes: "Dinheiro é sujo, porque passa pela mão de muita gente, por isso é que tem que lavar as mãos sempre que pega em dinheiro". Em certa medida, racionalmente pensando, meus pais tinham razão, entretanto para uma criança, isso pode ser percebido, como foi meu caso, como algo específico do dinheiro, e assim gerar uma relação semiconsciente de repulsa em relação ao papel moeda e, por tabela e generalização, ao dinheiro de um modo geral. Quantas pessoas não tiveram a mesma experiência que eu? Outras afirmações comuns na infância de muita gente: "Dinheiro não dá em árvore"; "Dinheiro não leva desaforo pra casa"; "Dinheiro é difícil de ganhar e fácil de gastar"; "Com dinheiro você compra qualquer coisa"; "Quem nasce pobre morre pobre"; "Dos pobres será o reino dos céus"; "Dinheiro não traz felicidade"; "Quem trabalha não tem tempo para ganhar dinheiro"; "As pessoas não gostam de você, mas sim do seu dinheiro"; "Os que muito têm, mais lhes será acrescentado, e os que pouco têm, esse pouco lhes será tirado"; "O dinheiro corrompe".

Algo interessante que observo na minha experiência com essas afirmações é que me levaram a atribuir uma certa autonomia ao "dinheiro", como se ele tivesse vida e vontade próprias. Uma criança, ao ouvir reiteradamente "dinheiro não leva desaforo pra casa", acaba por pressupor que o dinheiro tenha sentimentos próprios, uma personalidade própria. O que, se pensarmos objetiva e realisticamente, é absurdo. No entanto, subjetivamente, isso se transforma em nossa experiência. Se você atribui personalidade e autonomia ao dinheiro, fica mais difícil ter controle de seu fluxo, tanto para ganhar como para gastar.

Uma crença limitante também, em relação ao dinheiro, é aquela que diz: "quanto mais você trabalhar, mais vai ganhar dinheiro". Porém o que vemos em geral é que muitas pessoas que trabalham muito, ganham pouco dinheiro, e outras que trabalham pouco, ganham muito. O que a realidade nos mostra é que ganhar dinheiro não depende só da quantidade do trabalho despendido, mas fundamentalmente da qualidade e do tipo de trabalho que se realiza. Por isso o indivíduo que trabalha anos de sua vida fazendo coisas cujo valor agregado é baixo, trazendo-lhe pouca renda, por simplesmente acreditar que quanto mais se trabalha mais se ganha, continuará nessa ilusão até que tome consciência e supere essa crença limitante.

Outra crença limitante em relação a dinheiro é a que diz que para ganha-lo você precisa fazer o que gosta, porque assim fará bem feito e será bem remunerado por isso. O prazer de fazer algo já é um ganho por si mesmo, portanto o sujeito corre sempre o risco de ficar satisfeito, sem que tenha tido o ganho do dinheiro pretendido.

Aparentemente, as pessoas que realmente ganham dinheiro são aquelas que têm esse objetivo como prioridade: ganhar dinheiro, não importando o que e como o façam. Minha observação me mostra isso. É claro que podemos citar inúmeros profissionais, nas mais diversas áreas de atividade, que gostam e se dedicam plenamente ao que fazem e, como consequência, ganham um bom dinheiro. Essa é a situação ideal. Entretanto, há muitos bons profissionais que também se dedicam muito e gostam bastante do que fazem, mas têm grandes dificuldades de pagar suas contas. Portanto, insisto, não é uma questão só de gostar ou não do que se faz.

Quando alguém está com dificuldades para ganhar dinheiro e se queixa dizendo que não sabe o que acontece, faz lamúrias afirmando que tentou de tudo ou coloca a culpa nos outros, provavelmente o que está por trás de seu fracasso é, na realidade, alguma crença limitante.

O tema do dinheiro é, de certa forma, um dos mais controversos. Isso porque concerne diretamente ao valor das coisas. Todos os sistemas políticos e seus governos têm como assunto central a criação, administração, distribuição e utilização dos recursos, ou do dinheiro, que passa a ser, no mundo em que vivemos, o tradutor de quase todos os meios. Esses modos de como lidar com a riqueza de um país é o que diferencia um sistema do outro, o modo como cada nação lida com as finanças. Há uma turma de especialistas nesse assunto chamada de "economistas"; são eles que, frequentemente, dizem ou decidem quem é ou deveria ser o tal do "mercado". Será?! Parece que há controvérsias. Tem gente a favor e gente contra essa ideia.

As palavras justiça e injustiça são frequentemente usadas quando se trata do dinheiro. E algumas questões estão implícitas nessas noções: qual o valor real das coisas? Que é também uma pergunta fundamental na vida de qualquer ser humano que quer adquirir conhecimento sobre a vida e sobre si mesmo. Qual o valor disto e daquilo? Qual o valor da vida? Qual o valor do tempo? Do seu tempo, do meu tempo, do nosso tempo, do tempo deles? Quem ou o quê decide isso? Chamamos de "injusta" a valorização insatisfatória das coisas que fazemos ou possuímos e de "justa", sua valorização satisfatória.

Minha percepção é de que as pessoas avaliam tudo na vida baseando-se em seu sistema de crenças, naquilo que elas acreditam. Genericamente falando, tanto o valor como o significado de uma cruz para um cristão é diferente do valor e do significado de uma cruz para um budista. Um ambientalista atribui valores radicalmente diferentes à preservação de uma floresta se comparado a certos empresários do agronegócio. O significado que as pessoas dão às coisas é o que molda o valor atribuído a estas. Portanto, o dinheiro muitas vezes ganha ou perde valor de acordo com a religião do indivíduo. Encontramos muitas crenças associadas a religião, ideologia, filosofia, seita, que determinam o modo de valorizar as coisas e, portanto, o comportamento das pessoas em relação a elas. Isso fica bem evidente em duas vertentes do próprio cristianismo, o catolicismo e o protestantismo. Os primeiros têm uma relação mais embaraçosa com o dinheiro, enquanto os segundos acreditam que a riqueza é sinal da graça divina.

"Dinheiro que vem fácil vai fácil". Essa é uma frase que escutei a vida toda, não só em relação ao dinheiro mas em relação a qualquer bem que se ganha. É uma crença limitante, porque nos situa em uma encruzilhada. Todos queremos ganhar fácil, porque estamos programados geneticamente para evitar a dor e buscar o prazer. Vamos em busca de algo e, se pudermos obtê-lo sem nenhum desgaste, assim o queremos. Entretanto, com essa crença incrustada em nossos pensamentos, ficamos divididos entre o ganhar e o não ganhar: se ganhamos, temos pudores em usar os frutos; ou podemos, simplesmente, de modo inconsciente, nos sabotarmos no processo e deixarmos de aproveitar alguma oportunidade de vitória "fácil" que se apresente, mesmo ela sendo legal, sem prejudicar ninguém.

Volto a repetir: quase toda vez que nos sentimos bloqueados, sem saída, confusos, ansiosos em relação ao dinheiro, e em muitas outras coisas da vida, podemos encontrar no centro de tudo isso alguma formulação de causa-efeito ou de equivalência de significado limitante.

Quando era um jovem psicoterapeuta, aos 20 e tantos anos, recordo, tinha uma certa dificuldade em cobrar as consultas de meus pacientes. Digo certa dificuldade porque não deixava de cobrar pelo meu trabalho, entretanto, cada vez que tinha que falar no assunto, era um "parto", ficava temeroso, inseguro e não conseguia ser satisfatoriamente objetivo. Mas qual era meu temor ou insegurança? Anos depois, quando tive a suficiente lucidez e coragem para encarar a questão, descobri que era o medo de que os pacientes pensassem mal de mim, me julgassem egoísta, mesquinho, materialista, indiferente ao sofrimento alheio. Eu queria ser considerado "boa pessoa", humano, interessado somente no bem-estar do outro. O que havia por trás da minha dificuldade era um grande medo ser condenado e rejeitado, com origem muito provável nas ideias promovidas pela Igreja católica sobre a riqueza material e suas consequências na vida humana, transmitidas a mim, consciente e inconscientemente, por meus pais, professores, vizinhos, jornais, televisão e todos os elementos transmissores da cultura local.

A crença limitante da qual estou falando poderia ser formulada assim: "Se cobrar muito pelo meu trabalho, serei julgado uma pessoa ruim por meus clientes". Por trás e ao redor dessa crença, podemos identificar várias outras como: "Os ricos não são boas pessoas"; "Quem ganha muito dinheiro não se importa com os outros"; "Se você for generoso, nunca vai conseguir ter dinheiro". As crenças, como alguém já disse, não vêm sozinhas, vêm em bando. Entretanto, se conseguimos desmontar para nós mesmos uma delas por meio de alguma ressignificação, podemos desestruturar ou desfazer todas as demais. Com isso, poderemos pensar e agir de um modo mais amplo, livre e variado, mais favorável a uma vida mais rica e plena.

Aqueles que compartilhamos a mesma cultura tendemos a funcionar com base em ideias muito parecidas, crenças similares. Por isso, quando queremos investigar sobre as crenças que nos atrapalham, além de olhar para dentro, é só dar uma olhada à nossa volta.

Crenças e relacionamentos

Crença e relacionamento de casal

O relacionamento entre duas pessoas implica em uma profusão de crenças tanto limitantes como facilitadoras. Essas ideias ou crenças, de certa forma, são os elementos que estruturam e sustentam esses relacionamentos. Existe uma infinidade de concepções que permeiam nossas interações diárias com as pessoas que convivemos. Geramos expectativas, muitas vezes de modo inconsciente, em relação às respostas e aos comportamentos de nossos pares, e quando essas expectativas não são correspondidas, nos decepcionamos. Essas frustrações tendem a gerar ressentimentos e cobranças, o que, geralmente, faz com que também desapontemos as fantasias da outra pessoa em relação ao nosso comportamento. Estabelece-se, então, um círculo vicioso conflitivo no casal.

Todo relacionamento começa baseado em uma série de ideias ou crenças. Crenças em geral facilitadoras, principalmente quando o casal está profundamente apaixonado. Existe, nesse caso, o que geralmente chamamos de idealização da pessoa, por exemplo com afirmações do tipo: "Ela é a mulher (ou o homem) perfeita(o)"; "É minha alma gêmea, me entende plenamente, respeita meu espaço"; "É tudo o que sempre desejei" e assim por diante. Claro, são todas crenças facilitadoras no sentido de propiciar, ou facilitar, a união do casal.

Existem, também, as crenças sobre o relacionamento em si. Geralmente são ideias que são herdadas da própria cultura em que o sujeito está inserido, por exemplo: "Até que a morte os separe"; "No começo é bom, mas depois é que vem o difícil"; "O casamento é uma renúncia à liberdade individual"; "Casado você se torna alguém responsável"; "Você tem que desempenhar certas funções porque é o homem da casa"; "Isso é função da mulher na casa"; "Nunca permita que sua mulher mande em você"; "Nunca dependa do seu marido, porque assim você vai sofrer na mão dele"; "Esteja sempre no comando para não ser usado(a)"; "É responsabilidade do marido manter a casa"; "É responsabilidade da mulher cuidar a casa". Essas crenças podem ser tanto limitantes como facilitadoras.

A ideia de que o casamento deve durar até a morte já determinou a infelicidade afetiva de muita gente, assim como preservou muitas famílias com crianças pequenas da desagregação e o sofrimento dos filhos, fazendo com que o casal se esforçasse para o entendimento mútuo e uma melhor convivência. "Até que a morte os separe" é uma crença que está naturalmente atrelada a uma série de outras crenças que integram o quadro de noções de uma religião ou cultura. Quando um padre católico faz essa declaração na cerimônia do casamento, ela é percebida normalmente como uma regra, como algo que deve ser assim, uma determinação divina no qual creem aquelas pessoas. Mas uma regra é, ou pode ser uma crença? Sim, em geral, se eu a obedeço, sim. Porque nossa obediência a uma regra denota, se não completamente, pelo menos de modo parcial nossa crença naquele modo de fazer e viver as coisas.

"O casamento é uma renúncia à individualidade e uma perda de liberdade". Geralmente, as pessoas vivem essa ideia como algo limitante, principalmente aquelas que se casam por obrigação ou por inércia. Faça o que fizer, onde e como fizer, um ser humano continuará sempre sendo único, indivisível. Qualquer escolha implica em deixar algo, restringe as opções. Em certo sentido, a cada escolha ou decisão, perdemos e ganhamos liberdade. Dentro de uma cultura hegemonicamente monogâmica como a nossa, escolher casar-se com uma pessoa é perder a liberdade de se casar com outra, mas ganha-se a liberdade de conviver intimamente com aquela que escolhemos. Declaram aqueles que se casam por amor que é um ato de extrema satisfação entregar sua individualidade ou liberdade a pessoa amada. Portanto, para que uma ideia se caracterize como uma crença limitante, ela depende do apoio de outras crenças que a acompanham ou precedem, que em boa parte das vezes são inconscientes.

Vamos examinar mais de perto: "até que a morte os separe". Isso significa que se um dos dois, ou mesmo os dois, decidirem terminar a relação, estarão descumprindo uma regra ou compromisso assumido diante do padre, dos padrinhos e toda a gente que esteve na igreja durante a cerimônia do casamento. Significa que esses dois são indignos de confiança, irresponsáveis. Pode também significar que o casamento não deu certo, porque terminou antes do combinado. Define o ser humano como monogâmico. Define que ser monogâmico é melhor que ser polígamo. Uns são bons e os outros são maus. Define a morte física como o único modo de terminar o relacionamento do casal. Quantas mulheres e homens já morreram para poder sair de uma relação insuportável? Sei que é pergunta de psicólogo, mas o que há de se fazer? É muito frequente as pessoas adoecerem fisicamente por causa de um relacionamento difícil, conflitivo, sofrível. Quando a pessoa acredita piamente que o relacionamento tem que ser "até que a morte os separe", que não pode ter outra solução, então começam os processos de somatização, ou seja, as tensões emocionais, os conflitos mentais se transformam em danos literais, físicos.

A respeito desse tipo de crença, recordo a história que ouvi um dia a respeito de um elefante de circo. Quando ainda era um elefantinho, seu dono o prendia com uma corrente a uma pequena estaca enterrada no chão. E aí, restrito de movimentação, o pequeno animal passou dias, meses e anos de sua vida. Então ele cresceu e tornou-se um elefante enorme e poderoso, entretanto, bastava prendê-lo com a mesma corrente na mesma estaca de quando era um elefantinho para que ele ficasse lá, preso, sem poder sair. Mesmo aquela corrente e aquela estaca não sendo mais capazes de segurá-lo, devido sua grande força de animal adulto, ele estava condicionado a estar ali.

Algumas ideias geradas em nossa infância a partir de certas experiências nos submetem ao que poderíamos chamar de "efeito elefantinho". Agora como adultos, temos recursos que não tínhamos antes, mas continuamos respondendo e agindo como antes, quando éramos crianças e não dispúnhamos dos instrumentos que temos hoje. Isso ocorre devido a nossa tendência a capturar e fixar as coisas. Pintamos quadros, tiramos fotografias, escrevemos pensamentos, tomamos posse de terras, lugares, coisas, pessoas. Uma parte de nossa memória é, em si, um processo de fixação do contínuo movimento do universo. Paramos em uma determinada ideia de nós mesmos, dos outros e do mundo, enquanto o tempo passa e as coisas mudam. Ficamos, então, desatualizados. Entretanto, se não fixamos, se não delimitamos nada, mergulhamos no caos e não sabemos mais nada. Fixar, limitar, significa gerar ordem no caos do fluxo contínuo da vida e do universo. Vivemos entre a ordem e o caos. Hora mais em uma, hora mais em outro. Por incrível que possa parecer, nossas crenças formam parte importante em nosso empenho por ordenar o caos. Desde as crenças mais básicas do dia a dia, como "passar embaixo da escada dá azar", até crenças sobre a vida após a morte, como as do espiritismo.

Um âmbito abundante de crenças nas relações dos casais é o da atividade sexual. Há muitos que creem que, se o casal se dá bem na cama, o casamento está garantido, ou se o casal se dá mal na cama o casamento está fadado ao fracasso. Podemos encontrar inúmeros exemplos reais que contradizem essas afirmações, assim como para quaisquer crenças limitantes ou facilitadoras. O que faz da crença uma crença é justamente a existência de contraexemplos que as desautorizam como afirmações avaliadoras das situações ou previsoras dos acontecimentos. Mas o que faz com que a área sexual seja tão produtiva na geração de crenças? Eu acredito que isso aconteça porque é uma das atividades centrais na preservação da espécie. Sem novos seres humanos sendo concebidos todos os dias, a raça humana desaparece deste planeta. Por isso, a sexualidade ocupa um lugar central nas preocupações humanas. É a área da criação da vida por excelência. Tudo o que tem a ver com sexo, direta ou indiretamente, consciente ou inconscientemente, adquire importância imediata, porque trata de nossa sobrevivência, da nossa continuidade. Mesmo que pensemos nisso unicamente como meio de produção de prazer, lá no fundo da nossa mente, no mais profundo inconsciente, algo reconhece e sabe que aquilo se relaciona à criação de vida, e portanto sobrevivência. Assim sendo, essa área é rica na produção de sentimentos e emoções, afeta constante e poderosamente nosso sentido de valor e identidade, positiva ou negativamente.

Há uma infinidade de outras crenças relativas as relações sexuais: "Não sou bom o suficiente na cama"; "Tenho medo de não conseguir ter a ereção adequada"; " Se não conseguir, ela vai ficar frustrada e vai me deixar"; "Ele só gosta de mim por causa do sexo"; "Ele não me procura mais para fazer sexo, ele está deixando de gostar de mim"; "Estou ficando velha, logo, logo ele vai se interessar por uma mais jovem"; "Quase não sinto prazer na relação sexual, acho que sou frígida"; "Tenho a musculatura pouco desenvolvida porque sou pouco masculino"; " A ejaculação precoce é falta de força de controle, e portanto falta de virilidade"; " Se eu me soltar muito nas minhas expressões de prazer, ele vai pensar que sou uma vagabunda"; "Tenho que fazer sexo com ele mesmo estando cansada ou sem vontade, porque senão ele vai procurar outra"; " Meu órgão sexual é feio ou insuficiente"; "Meu corpo é feio e portanto insuficiente". Com certeza essa é uma lista, em termos de números de exemplos, muito aquém da realidade, mas você certamente pode encontrar muitos outros pensamentos e frases desse tipo. Essas que citei são obviamente crenças limitantes, entretanto, dependendo do contexto, podem até ser vistas como facilitadoras. Por exemplo, no caso de "Estou ficando velha, logo ele vai procurar uma mais jovem", se a mulher estiver querendo se livrar do marido, essa pode ser uma crença facilitadora. Por mais que uma ideia ou crença aparente ser limitante, é bom sempre examinar o contexto, pois o significado final de um comportamento, pensamento, ideia, está quase sempre, para não dizer sempre, atrelado ao contexto em que ocorre.

Crença e relacionamento com a família

Algumas crenças comuns relacionadas ao próprio grupo familiar (mãe, pai, irmãos, cônjuge, cunhados etc.) são: "Minha família é melhor do que a sua"; " Na sua família ninguém ajuda ninguém"; "Fracassar nos negócios é tradição familiar"; " Sem minha família não sou ninguém"; " Você é assim porque sua família lhe fez assim"; "Ela é boa pessoa porque valoriza a família"; "Ele é bom porque vem de uma boa família"; "Ela é ruim porque vem de uma péssima família"; "A família só serve para controlar e criticar a vida da gente"; "Devo tudo que sou a minha família".

Sei que já disse isso antes, mas é muito importante recordar que a generalização é uma das principais características de uma afirmação que a determina como crença. Outra característica é a de ser uma relação de causa-efeito na mente da pessoa que a utiliza. Assim, a afirmação "devo tudo que sou a minha família" pode ser traduzida como: "minha família é a causa da minha 'dívida' de ser quem sou". Como decorrência disso, posso acreditar que, se não dou certa atenção a meus familiares, geralmente pai e mãe, sou um ingrato ou um mal pagador. Essas crenças, em geral, se caracterizam como limitantes, mas também podem ser facilitadoras, dependendo do contexto. Repito isso porque é algo que esquecemos com muita facilidade.

O grupo familiar tende a ser um dos principais elementos transmissores de crenças em nossas vidas. Isso porque passamos o tempo mais importante de nosso crescimento e formação física, emocional e intelectual no seio da família. O vínculo familiar nos garante, em geral, a subsistência física e emocional, e portanto funciona como uma espécie de cola poderosa para as crenças e ideias. É a cola do alimento, da casa, da segurança, e principalmente da intensa convivência diária. É muito mais fácil pensar e sentir como meus pais, avós, irmãos e tios, do que como qualquer outra pessoa de fora. Com o tempo, nossas crenças passam a ser a própria cola das nossas experiências.

Crença e relacionamentos sociais

Está claro que esse título "relacionamentos sociais" é bastante genérico e muito amplo, portanto estou utilizando-o para designar vários tipos de relacionamentos, tanto amizade como relações no trabalho (com chefe, subalternos, sócios, colegas, clientes, concorrentes, parceiros). Também contam as relações com professores, alunos, colegas de classe, vizinhos, trabalhadores das lojas em que compramos e estabelecimentos que frequentamos, funcionários públicos dos mais diversos setores, prestadores de serviços dos mais variados, a lista é quase interminável.

Vou citar algumas crenças de algumas das áreas de relacionamentos listadas acima:

- Todo chefe é arrogante.
- Quanto mais legal você é com seus funcionários, menos eles produzem, mais exigem e se aproveitam de você.
- Se o negócio der certo, todo sócio um dia vai querer ser o único dono.
- Sócio só dá dor de cabeça.
- O pessoal do trabalho está o tempo todo esperando uma falha minha para poder passar por cima de mim.
- Os concorrentes estão loucos para roubar nossas ideias.
- Os clientes só querem comprar o mais barato.
- Eles querem fazer parceria conosco só para se aproveitarem nossos clientes.
- Aquele professor só faz perguntas impossíveis nas provas para poder reprovar e mostrar assim que quem sabe é só ele.
- Os alunos não se interessam por aprender, só querem a nota para serem aprovados.
- Vizinho só serve para reclamar e bisbilhotar sua vida.
- Aquela atendente deve ganhar muito mal, não faz o mínimo esforço para agradar.
- Esses garçons só pensam na gorjeta.
- Na hora que mais precisa, a polícia não aparece.
- O funcionário público só quer saber dos benefícios.
- Os médicos só vêm cifrão, o bem-estar do cliente está em segundo plano.
- Quanto mais durar sua neurose, mais rico e feliz fica o seu terapeuta.

As crenças e a política

A política é uma área da atividade humana em que as crenças, de um modo geral, tanto limitantes como facilitadoras, desempenham um papel central e bastante explícito. Isto porque é a ciência e/ou a arte de governar, de obter e manter o poder para fazer prevalecer certas ideias e ações sobre outras na relação com as pessoas e os bens possíveis em determinada região. As ideias políticas são expressões dos valores e crenças que o indivíduo defende e professa ou ataca e reprime, direta ou indiretamente; e são elas que denunciam o tipo de mundo em que ele acredita, com seus valores e crenças correspondentes.

Uma das crenças mais disseminadas em nosso país sobre os políticos é formulada da seguinte forma: "Todo político é corrupto". Há quem diga que isso não é uma crença, mas sim um fato. O que caracteriza a afirmação como crença é a supergeneralização. É bem provável, nas atuais circunstâncias, que exista realmente uma enorme quantidade de indivíduos corruptos no meio político, devido às evidências existentes. Entretanto, se pudermos encontrar um que não comungue dessa má qualidade, já não poderemos utilizar a palavra "todos". Ser corrupto é obviamente uma característica considerada negativa pelas pessoas que fazem esse julgamento.

Corromper é degenerar o valor existente, seja do dinheiro público, do bem público, do compromisso assumido ou de qualquer outro elemento significativo. Corromper-se, na política em geral, fundamentalmente em regimes democráticos, é pensar antes no bem próprio, pessoal, do que no bem comum. Portanto, não ser corrupto é algo considerado bom, um valor gerador de confiança para muitas pessoas. É por isso que boa parte dos candidatos, senão todos, em época de eleições, prometem acabar com a corrupção do governo. Esse argumento, por mais desgastado que esteja, gera em muitas pessoas, principalmente para os menos conhecedores das artimanhas da conquista do poder, uma experiência de credibilidade, que é o alvo do político em campanha. Este tem como principal objetivo obter credibilidade perante os eleitores; ele diz o tempo todo: "acreditem em mim e no que eu digo e prometo".

O que elege um político é o conjunto das crenças de seus eleitores. Eles pensam: "Ele vai fazer isso e aquilo, vai acabar com isso e aquilo, vai começar tal coisa, vai resolver tais questões"; "As coisas importantes (valores e crenças) para mim vão ser realizadas, e minha vida e das pessoas próximas a mim vai melhorar". A partir dessas noções, eles fazem a escolha pensando no futuro. Essa é uma escolha baseada em crenças e seus respectivos valores justamente porque tem a ver com coisas que acontecerão no futuro. É baseada, em sua maior parte, em um mundo de sonhos e imaginação, portanto um terreno fértil de possibilidades, lugar em que a verdade e a realidade normalmente ainda não chegaram.

Não pretendo me estender mais sobre esse tema agora, pois, pelas indicações feitas anteriormente neste livro, torna-se fácil para o leitor identificar as muitas crenças que habitam esta área de nossa vida.

Crenças limitantes e crenças em conflito

Um dos pontos mais importantes que quero destacar aqui está relacionado com o desenvolvimento da habilidade de superar crenças limitantes. Para superar a limitação imposta por uma crença em nossa vida, em boa parte das vezes é necessário, primeiro, estar ciente da dita cuja, e, segundo, querer realmente superar essa limitação. Se alguém vive comodamente em uma prisão, mais do que jamais viveu fora dela, talvez não tenha muito interesse em sair dessa condição. Por isso, estar motivado para mudar algo para melhor requer que tenhamos a percepção desse "melhor".

Muitas vezes, parece muito estranho o modo como funcionamos. Quero mudar um comportamento ou uma atitude em mim porque estou insatisfeito com suas consequências, então me proponho a mudar, faço planos e até comunico isso para algumas pessoas. Contudo, com o passar do tempo, esqueço meu propósito e, quando percebo, estou novamente fazendo a mesma coisa de sempre. Às vezes até mudo o comportamento em uma ou duas ocasiões, mas depois de um período de esquecimento, tomo consciência que estou novamente fazendo tudo igual.

O que está acontecendo? Quero ou não quero mudar? Posso dizer que uma parte minha quer e outra não quer. Estou em conflito, estou dividido. Tenho dois lados em mim que estão obviamente em oposição. Como isso é possível? Afinal de contas sou uma ou duas pessoas? Há quem diga que vivemos uma ilusão de unicidade, e que na verdade somos muitas pessoas ao mesmo tempo. Sei que é complicado, mas talvez seja assim. Por isso, também, é importante ter um nome, porque, de certa maneira, o nome congrega, se não todas, a maior parte dos papéis que desempenhamos na vida diária. Graças a ele, temos a experiência, de certo modo ilusória, de ser uma única pessoa para nós mesmos e também para os outros. Não vou detalhar aqui essa questão, isso é tema para um livro inteiro; o que quero destacar é a existência de dois lados em oposição.

Nossa vida está circundada de pares de opostos: perto-longe, grande-pequeno, rápido-lento, fácil-difícil, bom-ruim, claro-escuro, forte-fraco, certo-errado, duro-mole, consciente-inconsciente, dentro-fora, alto-baixo, quente-frio, muito-pouco, em movimento-parado, justo-injusto, rico-pobre, vivo-morto, gordo-magro, bonito-feio, inteligente-burro, sono-vigília, sonho-realidade, e assim por diante. Podemos listar uma infinidade de pares de opostos. Vivemos no meio deles, às vezes mais para um lado, às vezes mais para outro, e às vezes, creio que não muitas, justo no meio, em equilíbrio.

Quando pendemos muito para um dos lados, entra em funcionamento o que Jung chamava de lei da compensação, ou seja, o outro lado começa a se manifestar, estejamos conscientes ou não disso. É algo que podemos observar em nossos sonhos, pois uma de suas funções é a de equilibrar nossa vida psíquica, embora muitas vezes possa parecer o contrário.

Quando faz muito frio, buscamos o calor e vice-versa. Quando estamos por muito tempo dentro de casa, desejamos sair. Quando saímos muito, queremos ficar um pouco em casa. Vivemos entre dois polos, quando vamos demais em uma direção, de algum modo a direção oposta começa a reclamar nossa atenção. É, no meu entender, essa uma das principais razões porque às vezes um lado nosso quer mudar e outro não, e desse modo exibimos uma atitude ambígua em relação à mudança. Outra razão é que, de um jeito ou de outro, todo lado tem seu ganho, seu lado positivo, por pior que possa parecer; ignorar isso significa também abrir mão desse ganho.

Por que uma pessoa obesa tem dificuldade para fazer dieta? Porque isso significa abrir mão de certas guloseimas e seus prazeres, significa ter que se conter, frustrar impulsos que geram satisfação e bem-estar, geralmente um modo fácil e rápido para conter a ansiedade ou preencher um "vazio". Aqui podemos também falar de um conflito de crenças. Por um lado, o indivíduo pode pensar que é melhor aproveitar o momento e comer tudo o que puder, já que nunca se sabe quando se vai comer de novo; por outro lado pode ter a crença oposta, de que, se comer muito, vai engordar mais e sua saúde pode diminuir. Ideias em conflito. Um lado quer mudar e o outro não. Quando isso acontece, torna-se necessário reconhecer o aspecto positivo de cada forma de pensar e encontrar alguma ideia "maior" que possa abarcar ou integrar ambas as crenças.

No exemplo da obesidade, podemos pensar: "posso comer um pouco menos e de forma mais saudável agora, e assim aumentar as probabilidades de novos momentos como este no futuro, aumentar minha saúde e poder desfrutar a vida mais e por mais tempo". Desse modo, supera-se o conflito e segue-se em frente. Portanto, é de suma importância ressignificar as crenças limitantes para poder dar um passo adiante. Às vezes isso significa encontrar um novo significado para as concepções que estão se opondo e mantendo a situação. Isso é o que um conflito geralmente faz, detém o sujeito entre as duas possibilidades, como em uma encruzilhada, impedindo-o de progredir. A nova formulação, que une os dois lados de modo complementário, propicia o avanço e a superação.

Crenças e metáforas

A metáfora está definida no dicionário como figura de linguagem. Sim, mas para muitos não diz muita coisa. Uma metáfora é uma outra forma de dizer o mesmo em termos diferentes dos convencionais. Em vez de dizer "mesmo que você seja fraco, se persistir por tempo suficiente, vai finalmente conseguir superar o obstáculo", digo "água mole em pedra dura tanto bate até que fura". Uma das grandes vantagens terapêuticas da comunicação metafórica é que você não diz diretamente o que quer dizer, sugere, permite que o outro entenda como ele mesmo considerar melhor, diluindo assim uma possível resistência dele a ser "mandado" ou "controlado" por outra pessoa. Geralmente, confiamos mais nas soluções encontradas por nós mesmos que pelos outros. Além disso, pensar que chegamos a uma solução sozinhos nos proporciona um sentimento de capacidade de resolver nossos problemas sem depender dos outros, o que pode ser muito satisfatório.

Assim como falamos de expressões ou frases metafóricas, temos outros tipos de metáforas, como as histórias folclóricas, as histórias tradicionais, os contos de fadas, os mitos, as anedotas, as novelas, os romances, os filmes, as peças de teatro. Pensando em um sentido mais amplo, podemos até sentir uma certa dificuldade em distinguir entre uma metáfora e a realidade. Radicalizando o conceito, qualquer relato de experiência pode ser considerado uma metáfora.

Quando conto a história do que aconteceu comigo ontem à tarde, dependendo do ouvinte e do modo como esteja escutando, o relato pode ser uma metáfora em relação a algo que ele esteja vivendo ou tenha vivido no passado. Por exemplo, suponha que ele esteja com uma dúvida cruel, esteja precisando decidir entre dois caminhos a seguir e está sofrendo pelo impasse. Então nos encontramos informalmente depois de muito tempo sem nos falarmos, eu não tenho a mínima ideia do que está acontecendo com ele, do seu dilema, que por acaso é algo muito íntimo e ele não me conta e nem pretende me contar. Mas em nosso encontro ele pergunta: "Por que você veio aqui hoje?". Eu respondo com o seguinte relato: "Estava em casa sem fazer nada, quando, por acaso, buscando um novo livro para ler, abri um que estava na estante e dentro havia uma foto em que estávamos rindo com nosso grupo de velhos amigos. Meu coração sentiu vontade de lhe visitar". Passados uns instantes, algo faz um clic dentro dele, como se seu coração falasse, e vem límpida à sua mente a decisão a ser tomada, seu dilema está resolvido. Meu relato funcionou como uma metáfora ressignificadora para meu amigo, embora esse efeito estivesse bem distante da minha intenção consciente naquele momento. Muitas ideias de soluções acontecem desse modo, em nossas conversas do dia a dia, muitas vezes sem que sejamos conscientes do processo. Como disse acima, radicalizando o conceito, quase qualquer relato pode funcionar como metáfora. Digo isso não de modo teórico, mas por experiência própria.

O ponto aqui é que, muitas vezes, não sabemos o que está acontecendo dentro das pessoas e não temos como prever os possíveis efeitos de um relato qualquer; portanto, não podemos contar só com relatos ou histórias casuais para solucionarmos nossos problemas.

O interessante é nos familiarizarmos com a comunicação metafórica e, assim, aprendermos a utilizá-la conscientemente, com o propósito de despertar boas e liberadoras ideias na mente daquelas pessoas com as quais nos relacionamos.

É uma aprendizagem que começa com a observação de nossas próprias respostas às histórias que nos contam ou lemos. Criar histórias terapêuticas é uma habilidade e uma arte. Uma habilidade porque requer treino e prática. Uma arte porque também requer criatividade e, concomitantemente, inspiração. Vale lembrar mais uma vez o hipnoterapeuta Milton Erickson: "Toda psicoterapia se resume em um simples movimento, o de trocar más ideias por boas ideias". O ponto essencial é saber diferenciar as más ideias das boas ideias, porque, sem isso, nada podemos fazer pelo outro que valha realmente a pena.

RESSIGNIFICAÇÃO

É um processo pelo qual descobrimos outros significados para as experiências que vivemos ou que são vividas por pessoas à nossa volta. Frequentemente, como a concebemos aqui, se desenvolve a partir de uma expressão verbal que pode ser em forma de comentário, pergunta ou metáfora. Entretanto, também pode ocorrer por alguma ação não verbal, ou seja, um gesto, uma atitude ou mesmo o desenvolvimento de alguma atividade. Isto está baseado na ideia de que tudo nesta vida tem múltiplos sentidos, e que muitas vezes sofremos mais do que é necessário por não percebermos melhores alternativas de significado nas experiências que vivemos.

Ressignificar é promover uma nova perspectiva com relação a uma experiência limitante, de tal maneira que o indivíduo possa seguir expandindo sua experiência de modo a tornar-se mais pleno e integrado. É encontrar uma aprendizagem em uma situação tolhedora. É obter proveito de algo que, em um primeiro momento, apresenta-se como limitante, graças a outro olhar, outra perspectiva da mesma situação. A ressignificação é essa nova percepção da conjuntura promovida pelo que é dito sobre a situação apresentada como limitante. Está baseada na ideia de que nada tem um significado fixo, depende sempre da perspectiva pela qual se encara um fato. Portanto, desde que seja possível variar o ponto de vista, torna-se possível mudar o significado de algo.

Como exemplo, tomemos aqui uma afirmação que citamos antes: "Quanto mais durar sua neurose, mais rico e feliz fica o seu terapeuta". Essa ideia pode ser considerada limitante no sentido de que o sujeito que pensa assim, certamente, não vai buscar a ajuda de um terapeuta. Com isso, perderá o benefício que poderia obter caso se permitisse buscar a ajuda desse tipo de profissional. Mas poderíamos dizer-lhe as seguintes afirmações "você pensa assim porque nunca fez terapia"; "você pensa assim porque realmente não soube escolher um bom profissional"; ou "certamente, por pensar assim sobre as pessoas que tratam de ajudar você, é que precisa fazer terapia". Em todas essas assertivas há uma perspectiva diferente da original.

Vejamos esta outra crença: "Os médicos só vêm cifrão, o bem-estar do cliente está sempre em segundo plano". Quando alguém pensa assim, estabelece uma relação de desconfiança com o médico, e por isso, muitas vezes, não se permite usufruir dos conhecimentos do profissional para benefício da própria saúde. Nesse sentido, podemos dizer que se trata de uma crença limitante. Mas é importante notar que, em alguns casos, a afirmação pode estar certa e ser, inclusive, uma salvação para alguém que esteja sendo explorado por algum médico mau caráter. Entretanto, se a assertiva for generalizada, colocará muitos médicos honestos e competentes no "mesmo saco" e se tornará uma limitação.

Nesse caso, poderíamos dizer a essa pessoa: "talvez você não queira pagar por não valorizar sua saúde suficientemente e desvalorizar, portanto, o conhecimento do médico" ou "se ele promove sua cura, qual o problema se gosta de ganhar dinheiro?", ou ainda "parece que você só pensa nisso na hora de pagar a conta, quando o problema já está resolvido, não é?". Aqui também temos outras perspectivas da mesma situação. São possíveis várias outras. Algumas serão mais eficientes do que outras para ressignificar a crença limitante. Isso depende da pessoa e do contexto específico.

Crenças, ressignificação e criatividade

O processo de ressignificação está inevitavelmente associado à criatividade do sujeito que ressignifica alguma ideia, crença ou afirmação. Não é possível ressignificar sem que o indivíduo busque formas alternativas de interpretação da situação abordada, novas perspectivas, maneiras de pensar diferentes daquela que está gerando alguma limitação.

Esse movimento é essencialmente criativo. É uma busca de solução para uma queixa, para resolver algo que se apresenta como problemático. Não se trata de criar por criar, de criar "qualquer coisa". O que confere valor a uma criação é seu resultado nas pessoas que a experimentam. Quando esse novo significado gera no ouvinte uma resposta de abertura e expansão de sua percepção, de liberação de uma limitação, de alívio de um sofrimento, isso em geral significa que a ressignificação e criatividade da pessoa que o elaborou e expressou foram funcionais, úteis, positivas.

Para que se incremente as possibilidades de formular uma ressignificação que "acerte na mosca" e que, assim, produza os bons efeitos desejados, é recomendável coletar informações do sujeito referentes a sua queixa, objeção ou situação problemática. Essas informações, em geral, facilitarão a assertividade da resposta resultante do processo criativo. Por exemplo, se o indivíduo diz "Perco a cabeça cada vez que marco uma hora com alguém e a pessoa atrasa, me sinto desrespeitado", você poderia ressignificar a afirmação dizendo: "você não acha que ficar irritado com uma pessoa por ter tido dificuldades e obstáculos para cumprir um compromisso é uma falta de respeito de sua parte?". Geralmente, esta é uma boa ressignificação, que faz o ouvinte pensar e, talvez, até mudar um pouco sua reação. Entretanto, suponha que ele responda: "Não, o que mais me dá nos nervos é a pessoa chegar quase meia hora atrasada e se comportar como se nada tivesse acontecido, nenhuma explicação ou pedido de desculpas!". Neste caso, se você tivesse feito algumas perguntas sobre a situação do atraso que especificassem a questão, antes de fazer a ressignificação, certamente teria sido mais assertivo com sua resposta à queixa.

Por isso, obter informações de boa qualidade é crucial no trabalho para promover mudanças comportamentais. E podemos obtê-las por meio da observação cuidadosa do comportamento das pessoas com as quais estamos lidando, e também fazendo boas perguntas sobre a situação em questão. Com "fazer boas perguntas", me refiro àquelas que ajudam a especificar detalhes significativos na formação do significado atual da conjuntura motivo da queixa do sujeito.

Agora, falando de um modo mais amplo, podemos afirmar que todo ato criativo implica em ressignificação, pois aquilo que é novo propõe, natural e intrinsecamente, novos significados àquilo que cerca ou está exposto a sua influência. O artista é por excelência um ressignificador. Os escritores influenciam e promovem mudanças, em maior ou menor grau, naqueles que leem suas obras. Estamos nos referindo aqui a ressignificação de modo genérico, sem avaliarmos a direção específica da mudança.

É preciso sempre recordar que o que pode ser bom para mim pode ser ruim para você e vice-versa. O que foi bom no passado pode ser ruim hoje, e talvez volte a ser bom amanhã. Um filme pode mostrar uma nova maneira de ver ou entender a realidade. Um quadro pode nos fazer enxergar beleza onde não a percebemos. Uma música pode mudar nosso estado de ânimo e gerar uma atitude mais adequada ao desenvolvimento de alguma atividade. Um poema pode dizer justamente aquilo que não sabemos como expressar.

Quando Fernando Pessoa escreve "O poeta é um fingidor, que finge tão completamente, que chega a fingir que é dor, a dor que deveras sente", está dizendo que o poeta finge a verdade, ou seja, mente a verdade. Um paradoxo! A forma poética nos transporta para além do paradoxo, para além do pensamento racional, conecta-nos ao entendimento do coração, que sem sombra de dúvidas é um entendimento, em geral, mais profundo e essencial, o qual as palavras utilizadas não alcançam de modo linear, mas a boa poesia, sim.

Um dia eu vi uma cena de filme em que, em um bosque, uma pequena menina corria atrás de uma bola. Em seguida, aparecia a imagem de um homem caminhando atrás, em direção à menina. A tomada tinha uma música "alegre" de fundo. A impressão que causava era a de que aquele homem era o pai da criança e a estava cuidando. Depois foi passada a mesma cena, mas com outra música de fundo, uma música de suspense, de filme de terror, e então ficávamos com a clara ideia de que aquele homem que andava atrás da criança era um estranho que tinha a intenção de lhe fazer algum mal. Uma simples mudança de música pode ter como consequência uma completa mudança de significado.

Ressignificação, histórias e anedotas

Uma das formas mais simples e eficientes para aprender a utilizar histórias de modo terapêutico é cultivar o interesse por elas, lendo, contando, escutando, lendo de novo, contando de novo e escutando de novo. É um processo de familiarização. Há muitas pessoas que gostam de interpretar as narrativas no sentido de descobrir sua mensagem, ou o que costumam chamar de "a moral da história". Nada contra, é natural. Entretanto, isso pode podar sua capacidade de transmitir significados, pode ser uma espécie de racionalização que limita o alcance da experiência.

É importante considerar que muitas histórias têm mais de um significado, formas e níveis diferentes de interpretação, e se de imediato escolhemos o primeiro sentido que aparece, podemos perder todos os outros, e o que é pior, podemos perder a oportunidade de nos aprofundarmos na experiência e encontrar tesouros lá enterrados que podem enriquecer de maneira surpreendente nossa vida. Sugiro que, quando você leia ou escute uma história, faça isso com a mente aberta. Esteja sempre aberto à possibilidade de descobrir outros variados significados em cada narrativa, ainda que você não os perceba imediatamente.

As melhores histórias são aquelas que nos tocam de algum modo, porque gostamos muito ou porque nos desconcerta, até mesmo porque nos irrita. Quando uma história nos mobiliza, significa que contém algo para nós. Repetir uma narrativa várias vezes promove o processo de familiarização com o relato, que vai se tornando "parte de nós". Quando temos uma história bem integrada a nosso mundo interno, assim que precisamos dela, com suas ideias e tramas, ela sai lá do fundo e se apresenta à consciência, como um gênio libertado da lâmpada mágica disposto a prestar seus melhores serviços.

Construir uma história, ou simplesmente utilizar uma já existente, para transmitir certas ideias que podem mudar, ampliar, aprofundar a percepção de alguém em relação a um contexto, a si mesmo, aos outros, à vida em geral requer criatividade por parte de quem o faz. E se o resultado desse ato criativo é produtivo e positivo para o sujeito ao qual a metáfora foi endereçada, pessoalmente, acredito que podemos endossar seu valor.

QUANDO NASRUDIN ERA CONTRABANDISTA

A cada dois ou três dias, Nasrudin cruzava a fronteira com seu burro carregado de palha. Os fiscais da alfândega sabiam que ele era contrabandista, pois muitos dos habitantes daquele lugar comentavam a respeito. Então, cada vez que Nasrudin chegava à fronteira, faziam-no baixar a carga do burro e a examinavam exaustivamente. Mas nunca conseguiram encontrar nada que pudesse ser designado como contrabando. O fato os deixava visivelmente frustrados, e os fiscais tinham que permitir que Nasrudin e sua palha cruzassem livremente a fronteira. Assim foi por anos a fio, e todos viam como Nasrudin prosperava.

Após muito tempo, já feito um homem rico, Nasrudin passeava pelo mercado da cidade quando um senhor idoso o abordou dizendo: "Nasrudin, por misericórdia, preciso da sua ajuda". "O que foi? Quem é o Sr.? Acho que o conheço", respondeu surpreso. O homem então disse: "Sim, você me conhece. Fui durante muitos anos fiscal da fronteira e, muitas vezes, tratei de confiscar seu contrabando. Apesar de ter absoluta certeza de que você é, e sempre foi, um contrabandista, nunca consegui pegá-lo, portanto, nunca soube o que você contrabandeava. Pelo amor de Deus Nasrudin, já estou aposentado, muito velho e doente, vou morrer logo, não permita que eu me vá desta vida sem saber o quê você contrabandeava". Nasrudin olhou-o com muita compaixão e respondeu: "Eu contrabandeava burros".

Uma das concepções por trás desse relato é a de que as histórias funcionam como contrabandistas, facilitando a passagem das ideias pela fiscalização de nossa consciência. Outra é a de que o que mais incomoda o fiscal não é o contrabando em si, mas o fato de ele não saber o que é que está sendo contrabandeado. O conto também mostra que tanto o fiscal como o contrabandista são seres humanos comuns, que morrem e têm compaixão.

A fábula do contrabando de burros ainda nos faz refletir como, por vezes, temos dificuldades em ver o óbvio, aquilo que está, como dizem, "sob nossos narizes". Se você quer esconder algo de alguém, esconda atrás dele mesmo. Outra ideia que me ocorre é a de que a "simplicidade" da palha realmente oculta o verdadeiro valor do que está sendo contrabandeado. É interessante notar, ainda, que o que é considerado contrabando, ou carga ilegal, é a própria ferramenta de trabalho do comerciante. A ideia é: não comercialize sua ferramenta de trabalho.

Penso, por fim, que a história nos traz também um sentido mais esotérico ao mostrar que a carga pode cruzar a fronteira, mas o carregador, o veículo, o burro, não pode, não está permitido: o valor está no conteúdo e não no contêiner.

Esses foram alguns dos sentidos que pude extrair desse conto. É possível que você concorde ou não com um ou mais deles, mas certamente terá suas próprias leituras.

Essa coisa de entender histórias é bastante complexa. Por um lado, se você entende plenamente uma narrativa, supondo que isso seja possível, perde a magia, o mistério. É como se, graças à razão, a vida da narrativa tivesse sido subtraída, como quando diante de um belo pôr de sol tratamos de explicar sua beleza a alguém: engessamos o fenômeno. Alguns chamam esse processo de interpretação. Interpretar ou não interpretar? Eis a questão. Apesar de muitas vezes tentarmos fazer isso, por vício de psicólogo, em muitas ocasiões considero não ser muito produtivo interpretar as histórias. É como construir um muro em torno delas. Com a ideia de enriquecê-las, salvo em raras ocasiões, geralmente, acabamos por empobrecê-las.

Quero dizer que o importante é estabelecer uma relação com as histórias a partir, principalmente, do coração e não somente com o cérebro. Isto porque as boas histórias têm muitos significados possíveis, e ao interpretá-las usando primordialmente a mente lógica, racional, tendemos a fixar um único significado e impedimos o surgimento de novas possibilidades. Permitir que a história converse conosco e nos sussurre alguma boa ideia não é a mesma coisa que interpretá-la, é algo bem diferente: é estabelecer uma relação com ela, é permitir que ela se manifeste através da experiência, e assim nos alimente.

A seguinte história é uma óbvia ressignificação de uma queixa. Entretanto, como a maior parte das narrativas tradicionais, se não todas, está plena de boas ideias que podem iluminar o caminho do leitor ou ouvinte que se dispõe a estabelecer uma relação familiar ou pelo menos de sincera amizade com ela.

O VERDADEIRO VALOR DO ANEL

Dizem que não sirvo para nada, que não faço nada direito, que sou tapado e muito bobo. Venho até o senhor, mestre, porque me sinto tão inferior que não tenho forças para fazer nada. Como posso melhorar? O que posso fazer para que me valorizem? O senhor pode me ajudar?

O mestre, sem olhá-lo, disse:

– Sinto muito rapaz, não posso lhe ajudar agora, preciso primeiro resolver meu próprio problema. Quem sabe depois...

Fazendo uma pausa acrescentou:

– Se você quisesse me ajudar, eu poderia resolver este assunto mais rapidamente e depois talvez eu possa lhe ajudar.

– Com todo prazer, mestre – titubeou o jovem, que mais uma vez sentiu que era desvalorizado e suas necessidades postergadas.

– Bom – assentiu o mestre. Tirou, então, um anel que usava no dedo pequeno da mão esquerda e, entregando-o ao jovem, disse:

– Monta o cavalo que está aí fora e cavalga até o mercado. Necessito vender esse anel para poder pagar uma dívida. É necessário que você obtenha por ele a maior quantidade de dinheiro possível, mas não aceite menos do que uma moeda de ouro. Vá logo e volte com essa moeda o mais rápido que puder.

O jovem pegou o anel e partiu.

Logo que chegou ao mercado, começou a oferecer o anel aos mercadores. Eles o olhavam com algum interesse, até que o rapaz lhes dizia o quanto pedia por ele.

Quando o jovem mencionava a moeda de ouro, alguns riam, outros davam meia volta. Somente um velhinho bondoso foi amável o suficiente para explicar-lhe que uma moeda de ouro era muito valiosa para entregá-la em troca de um anel. Com a intenção de ajudá-lo, o velho lhe ofereceu uma moeda de prata e uma pequena panela de cobre, mas o jovem tinha instruções para não aceitar menos do que uma moeda de ouro, e então rejeitou a oferta.

Após oferecer sua joia a todas as pessoas com quem cruzava no mercado – mais de cem pessoas – e abatido por seu fracasso, o jovem montou em seu cavalo e regressou.

Quanto aquele rapaz desejava ter, ele mesmo, aquela moeda de ouro! Poderia, então, entregá-la ao mestre para liberá-lo de sua preocupação e receber assim seu conselho e sua ajuda.

Entrou na sala do mestre.

– Mestre – disse –, sinto muito, não pude conseguir o que me pediu. Talvez pudesse conseguir duas ou três moedas de prata, mas não creio que possa enganar ninguém a respeito do verdadeiro valor do anel.

– Que importante o que você acaba de dizer, jovem amigo – respondeu sorridente o mestre. – Devemos saber primeiro qual o verdadeiro valor do anel. Volte a montar o cavalo e vá até o joalheiro. Quem melhor do que ele para sabê-lo? Diga-lhe que gostaria de vender a joia e pergunte quanto pagaria por ela. Mas não importa o quanto ofereça, não o venda. Volte aqui com meu anel.

O jovem voltou a cavalgar.

O joalheiro examinou o anel sob a luz da lamparina, o examinou com sua lupa, o pesou e então disse:

– Diga ao mestre, rapaz, que se ele quer vendê-lo já, não posso dar mais que 58 moedas de ouro pelo anel.

– 58 moedas?! – exclamou o jovem.

– Sim – respondeu o joalheiro. – Eu sei que, com tempo, poderíamos obter por ele aproximadamente umas setenta moedas, mas não sei. Se a venda é urgente...

O jovem, então, correu emocionado até a casa do mestre para lhe contar o que havia sucedido.

– Sente-se – disse o mestre após escutá-lo. – Você é como este anel: uma joia valiosa e única. E como tal só pode ser avaliado por alguém que seja verdadeiramente entendido no assunto. O que você faz em sua vida pretendendo que qualquer um descubra seu verdadeiro valor?

E dizendo isso, pôs novamente o anel no dedo pequeno de sua mão esquerda e continuou a trabalhar.

Essa, como tantas outras, é uma história muito rica. Não só pela geração de um novo significado sobre o valor do rapaz, mas também e principalmente pelo modo como o mestre leva o jovem a perceber isso. Ele lhe proporciona toda uma experiência. Num primeiro momento, depois que pede a ajuda ao mestre, o rapaz pensa o estar ajudando a pagar uma dívida para poder, em seguida, receber sua ajuda. Contudo, na realidade, está recebendo ajuda do mestre o tempo todo, desde o primeiro instante. Aquilo era só uma artimanha para o jovem compreender realmente o que estava acontecendo com seu próprio valor.

Aqui temos, de certo modo, dois importantes princípios do processo de ressignificação: o conteúdo, o novo significado que você comunica, e a forma como o transmite. A forma é tão importante quanto o conteúdo para que a ressignificação surta bom efeito. O mestre poderia ter dito ao rapaz logo no princípio: "Você é uma joia única e valiosa e está buscando seu valor nas pessoas erradas. Elas não entendem do valor de um ser humano". No entanto, o rapaz não teria vivido a experiência de ver algo raro ser mal avaliado e, provavelmente, continuaria igual, com sua queixa interminável. Esse jovem somos nós, que lemos ou ouvimos essa história e podemos comprovar o efeito por nós mesmos.

Para mim é importante sublinhar, mais uma vez, o fato de que minhas explanações não dão conta da história, por mais que você porventura simpatize com elas. Haverá sempre outras possibilidades de leitura e significação.

NASRUDIN, O SOL E A LUA

Nasrudin estava na taberna cheia de gente quando, de repente, levantou-se da mesa e pediu silêncio. Assim que as pessoas se dispuseram a escutá-lo, perguntou:

– Vocês sabiam que a Lua é mais importante do que o Sol?

– Não! Como assim, Nasrudin?

– É simples, precisamos muito mais de luz à noite do que durante o dia.

Uma boa maneira de desenvolver a habilidade de usar histórias que possam ressignificar queixas é, ao conhecer uma anedota, repeti-la umas quantas vezes para familiarizar-se com ela e começar a se perguntar: "para que tipo de queixa ela sugere um significado melhor ou mais amplo?".

Muitas vezes, podemos perceber que alguém está muito apegado à sua própria visão de alguma situação e acha que os outros deveriam pensar como ele, sendo essa a razão pela qual está sofrendo. Nesse caso, por exemplo, poderíamos contar a história a seguir.

NASRUDIN COM SEU FILHO

Certa vez, Nasrudin chamou seu filho à varanda da casa e pediu que se sentasse, porque queria conversar algo muito sério com ele.

O garoto sentou-se e, após um breve silêncio, perguntou:

– Então pai, o que é que você quer me dizer de tão importante?

– Meu filho, você sabe que é vesgo...

Nesse momento o menino respondeu impaciente:

– Isso eu já sei faz tempo, pai. Qual o problema? Estou acostumado, na escola até me chamam de vesguinho, e está tudo bem. Todo mundo tem algum defeito, e esse é o meu. Qual é o problema?!

– O problema, filho, é que, sendo vesgo, tudo o que você vê, vê duplo. É isso que você tem que entender de uma vez por todas.

– Mas pai, pelo amor de Deus, olha lá no céu, tem duas luas, se eu visse duplo veria quatro luas, não é verdade?

Essa é uma forma de dizer que cada um tem sua perspectiva das coisas e, muitas vezes, custa um bom esforço mudar isso. Compreendemos as coisas, principalmente baseados naquilo que somos capazes de perceber em um dado momento.

Não é fácil mudar crenças ou ideias limitantes em alguém, porque elas se alojam na mente das pessoas por muitas e boas razões. Uma delas é a própria racionalidade do sujeito. Aprendemos desde muito cedo na vida a obedecer a "lógica" como meio de comprovarmos se algo é certo ou errado, digno ou não de ser acreditado. Aprendemos no início da escola que dois mais dois é, logicamente, igual a quatro, e que três vezes três é igual a nove. Ao não me agasalhar adequadamente em um dia de frio, fico resfriado. Então, muitas pessoas me dirão: "É lógico que você ficou resfriado, porque deixou o frio entrar em seu corpo". Uma relação de causa-efeito, entre tantas possíveis, já foi estabelecida, e se a pessoa que anunciou essa "lógica" naquele momento é alguém significativa para mim, importante, digna de respeito e consideração, pai, mãe, tio, avô, avó, professor(a), então é possível que essa lógica de aquisição de resfriado seja por mim validada. Uma vez que isso acontece, essa crença adquirida tende a ser reforçada por experiências posteriores e se consolida como ideia própria. Agora "eu penso assim". A partir daí, tendemos a descartar a percepção consciente de qualquer evidência contrária, ou simplesmente não dando atenção ou refutando com outras conexões "aparentemente lógicas".

NASRUDIN E OS TIGRES

Nasrudin tinha o hábito de caminhar de modo estranho pelas ruas da cidade. A cada três passos, ele dava três pulinhos. Aquilo era realmente bizarro. Até que, um dia, um cidadão o abordou perguntando:

– Por que você caminha desse modo tão esquisito Nasrudin?

– Faço isso para espantar os tigres.

– Mas, Nasrudin, neste lugar não há tigres!

– Você vê como funciona aquilo que eu faço?!

É um raciocínio lógico: Nasrudin anda esquisito para que não haja tigres no lugar por onde passa, e realmente eles não estão por lá. Claro que a razão de não haver tigres naquele lugar é certamente outra, ou são outras, entretanto isso não é suficiente para invalidar a lógica de Nasrudin. Por quê? Porque ele, por razões de sua própria experiência, através de seu pai, mãe ou de si mesmo, aprendeu a crer naquela estratégia para espantar os tigres, e nunca se dedicou a investigar mais a fundo a respeito do habitat dos tigres. A sua razão, naquele momento, torna-se para ele a única portadora de crédito.

Esse é o princípio do funcionamento de boa parte das crenças, e particularmente das superstições. Basta uma vez que você tropece logo após passar por baixo de uma escada para acreditar que "passar por baixo da escada dá azar". Mesmo que muitas vezes não aconteça nada, a maior parte das pessoas vai preferir não arriscar, com as conhecidas frases, "nunca se sabe", "não custa nada dar a volta". E quanto mais gente acreditar nisso, mais facilmente alguém começará a acreditar também. Somos animais sociais e precisamos poder contar com o apoio dos outros em muitas circunstâncias da vida. Portanto, acreditar no que a maioria acredita nos proporciona mais certeza e segurança. O familiar, o conhecido, em geral, nos tranquiliza, o estranho e o desconhecido nos põem em estado de alerta.

NASRUDIN, O MENDIGO IDIOTA

Em certa etapa de sua vida, Nasrudin foi um mendigo e, como tal, vivia das doações que recebia do povo daquele lugarejo. Mas algumas pessoas não se limitavam a dar dinheiro para ele, aproveitavam para se divertir à sua custa. Faziam sempre a mesma brincadeira. Mostravam-lhe duas notas de dois reais e uma de dez e perguntavam o que ele escolhia ganhar. Nasrudin sempre escolhia receber as duas notas de dois reais, o que desencadeava gargalhadas nos brincalhões, que lhe entregavam, então, as duas notas de dois.

Um dia um homem piedoso, que mais de uma vez presenciara a situação, aproximou-se de Nasrudin e lhe disse:

– Nasrudin, será que você não sabe que uma nota de dez reais vale bem mais que duas de dois?

– Claro que sei – respondeu o mendigo.

– Mas se sabe, por Deus, por que não escolhe a de dez?

– Porque, no dia em que eu fizer isso, eles vão parar de rir à minha custa e, portanto, irão parar de me dar o dinheiro.

Neste caso, o homem piedoso não havia percebido a verdadeira lógica do comportamento de Nasrudin. Às vezes, dependendo das circunstâncias, a idiotice consciente pode ser um ato de grande inteligência. Às vezes, o mais importante não é parecer inteligente. Às vezes, demonstrar inteligência pode não ser a melhor coisa para se conseguir o que se quer. Muitas vezes em que julgamos outros como idiotas, não percebemos que os idiotas somos nós, e vice-versa. Outra boa dica para o processo de ressignificação fornecida por essa anedota é a de que é importante sabermos o que a pessoa a qual queremos ajudar a encontrar uma ressignificação realmente quer, o que verdadeiramente é importante para ela naquela situação específica.

NASRUDIN, SEU FILHO E SEU BURRO

Certo dia, Nasrudin seguia viagem montado em seu burro, que era puxado por uma criança, seu filho, por uma corda. Quando eles passaram por um grupo de pessoas que estava na beira do caminho, elas comentaram em voz alta: "Que absurdo! Um homem forte explorando uma criança neste sol abrasador!".

Um pouco mais adiante, Nasrudin deteve o burro, desceu, pôs seu filho sentado sobre o burro e começou a puxar a corda. Então, após um tempo, eles passaram por outro grupo de pessoas à beira do caminho, estas imediatamente também comentaram em voz alta: "Que absurdo! Assim se criam os tiranos. O pai, mais velho, caminhando nesse sol abrasador, e essa criança mimada comodamente sentada sobre o burro".

Após um tempo, Nasrudin deteve o burro, e subiu nele junto com o filho e seguiram viagem.

Depois de pouco tempo, passaram por um outro grupo de pessoas que, ao verem a cena, comentaram em voz alta: "Que horror! Isso é jeito de se tratar um animal nesse calor insuportável? Pobre burro, assim vai morrer logo, que falta de misericórdia!".

Então Nasrudin disse a seu filho: desce do burro, vamos os dois caminhando e puxando o burro pela corda. Após caminharem um pouco passaram por outro grupo de pessoas, ouviram estas comentarem: "Mas que idiotas esses dois, tendo um burro para montar vão a pé e o burro belo e folgado".

Passado um tempo, Nasrudin, percebendo a impossibilidade de agradar a todos, deteve novamente o burro, montou-o e disse com firmeza a seu filho que puxasse a corda, como no princípio da viagem e assim seguiram até o fim.

Essa anedota, entre outras coisas, nos mostra como varia o julgamento das pessoas, e que mal negócio é esse de tratar de viver e fazer as coisas de acordo com o julgamento dos outros. Por outro lado, também nos brinda com a flexibilidade e a paciência do Nasrudin com aquilo que as pessoas solicitam. Ele aceita as propostas, se abre e faz a experiência, o que é muitas vezes fundamental para tornar possível alguma aprendizagem.

Crenças e possíveis ressignificações

A tendência humana de estabelecer rotinas e preservá-las além do que seria necessário prejudica, muitas vezes, nossa capacidade de alcançar nossos objetivos. O condicionamento de comportamentos, atitudes e pensamentos tem sua justa função no desenvolvimento harmonioso da vida. Entretanto, além de um certo ponto, ele frustra nossa percepção e capacidade criativa, deixando-nos muito aquém de nossas possibilidades de real evolução.

As relações de causa e efeito e as equivalências de significado não têm uma realidade concreta independente do cérebro. São funções condicionadas por ele, o que equivale a dizer que no mundo "real", externo a nós, não existe nenhuma causa, nenhum efeito ou significado independentes dos seres vivos e suas estruturas cerebrais. Relacionar as coisas em termos de causa e efeito e de equivalência de significado é um modo de organizar o caos original.

A seguir você vai encontrar sessenta crenças, geralmente experimentadas como limitantes, com pelo menos dez ressignificações cada uma. Escrevi essas crenças, causa-efeito e equivalências de significado com o propósito de exemplificar de modo extenso a possibilidade de múltiplas ressignificações diante de crenças limitantes. O que fiz você também pode fazer com suas próprias crenças limitantes e a de outras pessoas à sua volta. É um excelente exercício de criatividade e que traz como consequência uma ampliação da percepção das situações cotidianas. É uma possibilidade de resolver algumas questões e queixas do dia a dia, talvez uma forma de economizar com psicoterapia resolvendo sozinho algumas questões pessoais. Você pode escrever no alto de uma folha uma queixa e começar a pensar e escrever ressignificações.

É necessário reconhecer aqui uma de minhas principais fontes de aprendizagem desse modo de lidar com as crenças limitantes: o excelente trabalho de modelagem feito por Robert Dilts com pessoas que são naturalmente excelentes na arte de ressignificar enquanto conversam. Esse trabalho está documentado no livro *Sleight of Mouth. The Magic of Conversational Belief Change*. Dilts identificou quatorze padrões de ressignificação utilizados de modo natural ou até inconsciente por parte desses indivíduos. Uma vez identificados e organizados, esses padrões ficam disponíveis para qualquer pessoa que queira obter seus benefícios. Tenho que dizer aqui que não é necessário que você conheça esses padrões de modo explícito para poder fazer várias ressignificações de uma crença limitante, basta se abrir para o pensamento criativo, permitindo que sua imaginação atue com esse propósito. No meu ponto de vista, o grande mérito de Robert Dilts foi ter percebido, registrado e divulgado essa habilidade nas pessoas, para que todos soubessem que isso é possível e útil. Portanto, declaro minha profunda gratidão a Robert e todos aqueles que colaboraram com ele nesse trabalho.

As queixas que estão listadas foram obtidas no dia a dia do consultório e na minha própria experiência de vida. As ressignificações foram criadas por mim de um modo aleatório e livre. Não me preocupei em seguir qualquer padrão daqueles relatados por Robert Dilts em seu livro. Certamente, todas as ressignificações seguem algum dos padrões do livro, entretanto isso não foi feito de modo consciente por mim. As crenças citadas pertencem a diversas áreas da vida em geral, e também estão dispostas de modo aleatório e livre, sem classificação por áreas específicas.

Vejam, a seguir, exemplos de crenças e suas respectivas ressignificações.

1. ELA FICA MUITO TEMPO QUIETA, NÃO RESPONDE À MINHA PERGUNTA, PORTANTO NÃO SE INTERESSA POR MIM.

R1. Não é que ela não se interessa por você. Ela está cuidadosamente refletindo sobre sua pergunta para dar a melhor resposta possível.

R2. Sempre que você não responde imediatamente à pergunta de alguém, isso significa que não está interessado nessa pessoa?

R3. Alguma vez você respondeu instantaneamente à pergunta de alguém para se livrar o mais rápido possível dessa pessoa?

R4. Você já pensou na possibilidade de ela não ter escutado sua pergunta?

R5. Ao escutar uma boa música, geralmente ficamos em silêncio.

R6. Talvez ela não tenha entendido sua pergunta e necessite um pouco mais de informações.

R7. Geralmente, quando estamos ansiosos, tendemos a achar que os outros demoram demais.

R8. É possível que o silêncio dela seja a resposta à sua pergunta.

R9. Quem sabe ela não esteja evitando uma resposta desagradável.

R10. Nem todas as pessoas se sentem pressionadas a responder imediatamente só porque lhe fazem uma pergunta.

2. NÃO CONSIGO GANHAR DINHEIRO SUFICIENTE, PORTANTO, SOU INÚTIL.

R1. Você não é inútil, o que acontece é que ainda não persistiu o suficiente.

R2. Talvez você não tenha sabido demonstrar adequadamente a importância do seu trabalho para as pessoas.

R3. Definimos o que é útil ou inútil de acordo com nossas expectativas e necessidades. Ganhar 100 para quem precisa de 500 pode parecer inútil. Entretanto, para aquele que precisa de 50, é mais do que suficiente.

R4. Você já pensou na possibilidade de não estar sabendo cobrar o suficiente pelo trabalho que faz?

R5. Podemos considerar inútil o cavalo que puxa a carroça e não ganha dinheiro para isso?

R6. Se você mesmo se considera inútil, como você quer que os outros lhe considerem útil e lhe paguem por isso?

R7. Mozart, o compositor, morreu na miséria e foi enterrado em vala comum. Podemos considerá-lo inútil?

R8. Algumas pessoas, ao se perceberem inúteis, reagem positivamente e descobrem novas maneiras de conseguir o que querem.

R9. Não é você que não consegue ganhar o suficiente, mas são os clientes a quem é oferecido o seu trabalho que não conseguem pagar o valor adequado.

R10. Você não acha que é inútil se considerar inútil?

3. ESTOU DESANIMADO, POIS JÁ TENTEI DE TUDO E ATÉ AGORA NÃO CONSEGUI NADA SATISFATÓRIO.

R1. Como você sabe que as suas tentativas preenchem o universo completo das possibilidades?

R2. Não será seu desânimo que lhe faz pensar que se esgotaram as possibilidades?

R3. Algumas vezes o excesso de tentativas aumenta nosso grau de exigência, a ponto de tornar quase impossível uma real satisfação.

R4. O que na realidade lhe desanima é sua supervalorização do esforço investido, transformando as tentativas feitas no universo total das possibilidades.

R5. Se você já tentou de tudo, porque, então, não reconhece que "desse mato não sai coelho" e que o melhor é mudar de direção.

R6. Talvez você não tenha dimensionado corretamente o tempo necessário para que suas tentativas e esforços surtam o efeito desejado.

R7. Às vezes estar mais preocupado com a quantidade das tentativas do que com a qualidade delas nos impede de obter um resultado satisfatório.

R8. Isso só comprova sua normalidade emocional. A maioria das pessoas reage assim quando, depois de muito esforço, não consegue o que desejava.

R9. Como você reagiria se uma pessoa querida, um filho, dissesse isso para você?

R10. Certamente você sabe de alguém que já conseguiu o que você quer conseguir. Muitas vezes o fracasso ocorre por não aprendermos a partir das tentativas daqueles que conseguiram.

4. NÃO CONFIO NAS PESSOAS, ELAS ESTÃO SEMPRE APROVEITANDO DA MINHA BOA VONTADE.

R1. Você, por acaso, se aproveita da má vontade das pessoas?

R2. Creio que o que, na realidade, está acontecendo é que você quer ser "pago" por sua "boa vontade", não é assim?

R3. Você se mostra como algo bom para as pessoas e quer que elas não desejem obter o melhor proveito possível disso.

R4. Será que não é você quem não se permite aproveitar das boas oportunidades que a vida lhe oferece?

R5. Tenho a impressão de que você só confia em pessoas que não necessitam ou querem nada do que você tem para dar.

R6. Não é que você não confia nas pessoas, é que você não sabe lidar eficientemente com a voracidade e falta de limites delas.

R7. Não é que você não confia nas pessoas, é que você não confia na sua própria boa vontade.

R8. A questão não é a respeito de confiar mais ou menos, mas sim de fazer valer adequadamente o valor de sua boa vontade.

R9. Você já pensou na possibilidade de as pessoas estarem percebendo uma atitude "interesseira" naquelas ações que você chama de "boa vontade".

R10. Essa atitude desconfiada, certamente, faz com que as pessoas não "confiem" na durabilidade da sua "boa vontade" e tratem de obter o maior proveito possível enquanto é tempo.

5. OS HOMENS NÃO PRESTAM, TANTO MINHA MÃE COMO EU FOMOS TRAÍDAS E HUMILHADAS POR ELES.

R1. Você desconhece a existência de mulheres que tenham humilhado e traído homens.

R2. Condenar todos pelo comportamento de alguns é uma traição para com aqueles que se comportam corretamente, você não acha?

R3. É possível que sua mãe não tenha lhe ensinado a se relacionar satisfatoriamente com os homens.

R4. Se os homens realmente não prestassem, você deveria deixar de se interessar por eles, não acha? Esse é seu caso?

R5. Você nunca foi enganada e humilhada por uma mulher, ou soube de alguém que foi?

R6. O que será que essas mulheres que se entregaram a esses homens pensam deles?

R7. A minha impressão é de que você está criando expectativas pouco realistas em relação a uns poucos homens e responsabilizando todos por suas decepções.

R8. Provavelmente, o que não presta e é pouco eficiente é sua habilidade para escolher homens adequados às suas expectativas.

R9. Você não acha que está humilhando a si mesma como mulher declarando publicamente que, de todos os homens existentes neste planeta, você escolheu justamente aqueles que são incapazes de lhe respeitar.

R10. Essa sua queixa é certamente uma maneira muito cômoda de esconder sua inabilidade para realmente conquistar o coração de um homem.

6. O DINHEIRO ME ASSUSTA. É ALGO ESTRANHO QUE ME DÁ A IMPRESSÃO DE TER VIDA PRÓPRIA. NÃO TENHO CONTROLE SOBRE ELE, QUE VAI E VEM QUANDO QUER.

R1. Você fala do dinheiro como se falasse de um fantasma. Você acredita em fantasmas?

R2. O que lhe assusta não é o dinheiro, mas sim seu modo de percebê-lo.

R3. Algo que tem vida própria tem necessidades, hábitos e costumes, que podem ser estudados e compreendidos, e portanto controlados.

R4. O que acontece é que, graças a sua mente fantasiosa, você concede vida a pedaços de papel.

R5. É provável que você não tenha aprendido a se responsabilizar pelo dinheiro que ganha e nem pelo que gasta, daí essa sensação de descontrole.

R6. Estranho é algo que não conhecemos, principalmente, por uma de duas razões: por não termos tido a oportunidade de conhecer ou por sistematicamente evitarmos a relação com o elemento em questão. Qual é sua situação?

R7. Você já observou que só tem esse tipo de pensamentos quando está com pouco ou sem dinheiro?

R8. Você já reparou se, quando está com bastante ou suficiente dinheiro, tem a mesma sensação de descontrole de quando está com nenhum ou insuficiente?

R9. O sentimento de falta de poder sobre o dinheiro geralmente surge quando queremos ou já adquirimos algo além das nossas possibilidades. Não será isso uma incapacidade para aceitar certos limites?

R10. O vento também vem e vai a seu bel-prazer. Podemos abrir e fechar janelas e portas, fazer girar moinhos, podemos levantar nossas pipas, velejar, passear em planadores, muito mais coisas. Não é uma questão de controlá-lo, mas sim de saber a melhor forma de utilizá-lo ou lidar com ele, não é?

7. SE DISSER O QUE PENSO, AS PESSOAS VÃO SE AFASTAR E DEIXARÃO DE GOSTAR DE MIM.

R1. Se as pessoas deixarem de gostar de você por saberem de seus pensamentos, isso significa, na realidade, que nunca gostaram de você de verdade.

R2. Não é a ação de dizer o que pensa que pode afastar as pessoas e gerar desafetos, mas sim o tipo de coisas que você pensa.

R3. Você tende a se aproximar das pessoas que lhe dizem coisas desagradáveis? Você é alguma espécie de masoquista?

R4. Você se afasta das pessoas que lhe dizem coisas boas?

R5. Neste mundo, há muitas pessoas que preferem ouvir mentiras agradáveis a terem que suportar verdades incômodas. Que tipo de pessoas você escolhe para estabelecer uma relação afetiva, de amizade?

R6. Ao ouvir uma verdade desagradável, alguém, em um primeiro momento, poderá se afastar de você. Contudo, com o tempo, essa pessoa certamente sentirá gratidão pelo que você lhe disse e gostará de estar muito mais perto.

R7. Se você não está disposto a suportar as consequências de sua própria verdade, como pretender que os outros estejam?

R8. Ao dizer o que pensa e observar a reação dos ouvintes, você poderá diferenciar aqueles que verdadeiramente lhe aceitam daqueles que não. Você prefere permanecer na ignorância, na suposição?

R9. Elas não se afastam, simplesmente sinalizam claramente o que gostam e o que não gostam de você. Tenho a impressão que esse é um elemento fundamental para uma amizade duradoura, você não acha?

R10. Essa sua queixa denota um desafeto e um afastamento de sua parte em relação a essas pessoas, não é assim?

8. NÃO POSSO RELAXAR COMPLETAMENTE, PORQUE SE ASSIM O FIZER, SEREI PEGO DE SURPRESA COM ALGO MUITO DESAGRADÁVEL.

R1. Surpresa é algo que não se espera. Pode tanto ser boa como ruim e independe do fato de você estar tenso ou relaxado.

R2. O que você quer na realidade é saber responder adequadamente aos imprevistos da vida, e certamente o fará melhor relaxado do que tenso.

R3. Será que o que você está tratando de evitar é que lhe critiquem e culpem por algum acontecimento desagradável?

R4. Você já considerou a possibilidade de não se permitir relaxar completamente pelo fato de não aceitar de bom grado as responsabilidades assumidas?

R5. É possível que em muitas noites de sua vida você tenha dormido profundamente e, portanto, relaxado completamente. Você recorda de ter despertado com surpresas desagradáveis nessas ocasiões?

R6. Quanto da sua distensão muscular é responsável pelas surpresas desagradáveis?

R7. Já é muito desagradável não poder relaxar completamente, você não acha?

R8. Parece que você relaciona relaxamento com desatenção. Conheço pessoas que são capazes de estarem muito atentas e relaxadas ao mesmo tempo.

R9. Se você relaxar completamente em um lugar público ou onde esteja vulnerável, a probabilidade de ocorrerem surpresas desagradáveis será muito maior do que se estiver em sua casa próximo a pessoas de sua confiança, não é assim?

R10. Geralmente, as pessoas mais assustadas vivem se protegendo do "novo" em suas vidas e acabam por permanecer em um estado de tensão quase constante.

9. NÃO GOSTO DE ENCARAR A REALIDADE LIMITANTE, PREFIRO O PRAZER DA FANTASIA, AINDA QUE SAIBA QUE, EM ALGUM MOMENTO, TEREI QUE LIDAR COM O MUNDO REAL.

R1. Talvez você ainda não tenha descoberto o prazer de conviver com a realidade.

R2. Será que ao longo de sua vida você se habituou a relacionar "realidade" com sofrimento e coisas ruins?

R3. Sua crença não será: "Toda realidade é limitante"?

R4. O que você não gosta é de "coisas" indiferentes às suas apreciações, o seu gostar ou não gostar, e a realidade é uma delas.

R5. No fundo, o que você acredita é que, de algum modo, pode, com o tempo, suprimir ou evitar a realidade.

R6. Você ainda não pensou que isso pode ser preguiça de examinar, conferir e controlar as coisas?

R7. Certamente você associa "conferir, examinar e controlar" com falta de confiança e, portanto, não gosta de ser visto como alguém "desconfiado".

R8. Saiba que muitas pessoas desfrutam imensamente das ações de conferir, examinar e controlar.

R9. Você já pensou sobre o fato de que certos limites podem gerar uma considerável parcela de conforto e prazer? Pense nas paredes e muros de sua casa.

R10. Está claro que você está optando pelo prazer do momento e desprezando suas consequências.

10. O MELHOR É SEMPRE AQUILO QUE ESTÁ FORA DE MIM. UMA VEZ QUE CONQUISTO ALGO, IMEDIATAMENTE ELE DEIXA DE SER O MELHOR, PARA CEDER LUGAR A OUTRA COISA PARA A QUAL ME SINTO COMPELIDO A CONQUISTAR. RESULTADO: NUNCA ESTOU SATISFEITO!

R1. É provável que boa parte dessas coisas boas assim o são simplesmente por pertencerem a outras pessoas e não a você. Você já ouviu falar do poder corrosivo da inveja?

R2. Não me surpreende que você não esteja satisfeito. É diferente "o melhor", daquilo que aparenta ser "o melhor". Possivelmente, até agora você só tenha corrido atrás de aparências e imaginações, e não de coisas reais. A caixa dos alimentos não nutre como os próprios alimentos.

R3. Você já ouviu a frase: "o que pode ser melhor para os outros pode ser pior ou não tão bom para você "? Não será esse o seu caso?

R4. Isso não é insatisfação, mas sim um impulso evolutivo!

R5. Você está vivo! Só os mortos estão plenamente satisfeitos, incapacitados de enxergar ou querer qualquer coisa mais ou melhor.

R6. Será que o que você conquista é o que realmente quer?

R7. Como você sabe o que é "melhor", e se está dentro ou fora de você?

R8. Quando comemos e finalizamos a digestão, imediatamente é iniciado o processo natural de buscar novos alimentos.

R9. Você já pensou na possibilidade de ir atrás de coisas boas sem desvalorizar as já conquistadas?

R10. Você diz que algo conquistado imediatamente deixa de ser o melhor. Ou seja, você não desfruta nem um pouquinho aquilo que conquista? Acho que sua questão tem mais a ver com uma inabilidade para viver o prazer do que com qualquer outra coisa.

11. ESTOU SEMPRE GASTANDO MAIS DO QUE TENHO. O QUE VEM FÁCIL VAI FÁCIL!

R1. Eu acho que o que você está querendo me dizer é: "o que vai fácil não vem fácil", não é assim?

R2. Certamente, há algo em você que não aceita limites.

R3. Se você sempre gastasse mais do que tem, teria menos do que tem. Como é possível alguém ter mais, ou menos, do que realmente tem?

R4. Você me dá a impressão de que não gosta de assumir as consequências dos seus gastos.

R5. Como você sabe quando algo é fácil ou difícil?

R6. Creio que você não está satisfeito com o que tem, não é assim?

R7. Ao gastar o pneu de seu carro mais do que pode, vai fazer com que ele fique careca. Se quiser continuar com o carro, precisará fazer algo para conseguir um novo pneu, caso contrário, terá de seguir seu caminho a pé. Que tal?

R8. Para pensar com calma: "talvez você não gaste mais do que pode, mas sim mais do que é realmente necessário".

R9. A questão está em saber estabelecer prioridades e cumpri-las, e não em quanto se gasta ou se deixa de gastar.

R10. É possível, então, que você não saiba diferenciar muito bem o que é seu do que é dos outros, já que gasta mais do que tem, não é?

12. SE NO PASSADO EU TIVESSE FEITO ESCOLHAS DIFERENTES, HOJE ESTARIA MUITO MELHOR.

R1. Creio que tudo o que esse pensamento faz por você é impedi-lo de estar bem hoje, não é assim?

R2. Acho mais produtivo e eficiente pensar em quais são as melhores escolhas disponíveis agora, e não nas indisponíveis do passado.

R3. Lamentando o passado você esquece o presente e fica vulnerável às piores escolhas.

R4. Melhor comparado com o quê? O que hoje parece bom, pode parecer ruim amanhã.

R5. Se minha avó tivesse escolhido um marido melhor do que meu avô, do qual ela se separou depois que minha mãe nasceu, eu não existiria. O que você acha disso?

R6. Parece que você está querendo se valorizar hoje com a ideia de ter sido no passado "alguém com grandes possibilidades". Essa é uma estratégia fácil de se aplicar para promover a autovalorização, entretanto é ineficiente e melancólica, não é?

R7. Acredito que o melhor que podemos fazer com o passado é aprender com ele, e assim escolhermos melhor no presente e no futuro.

R8. Suas escolhas passadas lhe mantêm vivo hoje e com possibilidades de desfrutar. Acho que seria melhor estar grato por isso, não é?

R9. Escolhas de longo prazo, geralmente, não são as melhores no curto prazo, e vice-versa. A cigarra (de La Fontaine) quer obter cantando os benefícios que as formigas, com muito trabalho, obtiveram para o inverno.

R10. Isso equivale a dizer: "se as coisas não fossem como são, seriam diferentes". Você não acha?

13. TENHO MEDO DE TER FILHOS, PORQUE, PARA A MULHER, É MUITO FÁCIL ABDICAR DE SUA INDEPENDÊNCIA E LIBERDADE E VIVER SÓ EM FUNÇÃO DELES, ABANDONANDO SUA PROFISSÃO E PROJETOS INDIVIDUAIS.

R1. Parece-me que ser mãe significa gerar dependentes e não tornar-se dependente.

R2. Acho que você define independência como "ausência de responsabilidades", não é assim?

R3. Se você mudasse sua afirmação para "tenho medo de amar mais meus filhos que minha profissão e projetos individuais", como seria?

R4. Quando surge algo realmente mais importante, geralmente, fica fácil deixar o que se está fazendo para dar prioridade ao que surgiu.

R5. O que você teme não é ter filhos, mas descobrir que suas prioridades são diferentes das que imagina.

R6. Conheço muitas mulheres que incluem em seus projetos individuais ter filhos e cuja profissão é exercida com o principal propósito de bem criá-los. O que há com você?

R7. Sei de muitas mulheres livres e independentes que têm, inclusive, mais de um filho.

R8. A partir do momento em que uma criança nasce, a cada dia que passa ela se torna mais e mais independente e livre dos cuidados e atenção de sua mãe, pelo menos nos casos em que podemos considerar o desenvolvimento do indivíduo e seu relacionamento com sua progenitora "normal".

R9. Não só para as mulheres como para os homens também pode ser fácil abdicar da própria independência e liberdade por algo que realmente valha a pena, não é assim?

R10. Ter filhos faz parte daquilo que nós chamamos de instinto. Algo que já vem programado geneticamente e que tem como propósito preservar a sobrevivência da espécie humana. Você chamaria de perda de independência e liberdade o fato de interromper o que está fazendo para almoçar, jantar ou ir ao banheiro?

14. EU FUMO PARA NÃO SENTIR SOLIDÃO E FICAR TRANQUILA.

R1. Você valoriza tanto as pessoas que as substitui por tabaco, não é assim?

R2. Talvez o problema não seja a solidão, mas sim as más companhias, como o cigarro.

R3. Hoje em dia, as áreas para fumantes nas cidades estão tão restritas que ser fumante significa também querer estar isolado e só. O que você acha de encontrar uma estratégia melhor para se sentir acompanhada?

R4. Que tranquilidade é essa que prejudica sua saúde e a daqueles que estão a sua volta?

R5. Creio que o cigarro, segundo as ciências médicas, não pode eliminar somente a solidão, mas sim a vida completa, com todos os sentimentos possíveis, bons e ruins. É isso o que você quer?

R6. Não será isso uma grande mentira que você conta a si mesma para justificar sua preguiça em se comprometer com a própria vida? Se o cigarro lhe faz esse bem, por que a vontade de deixá-lo?

R7. O que lhe deixa tranquila não é o cigarro em si, mas sim a consciência que você passa a ter de sua respiração no ato de fumar, desse modo tornando-se mais presente. Você poderia perfeitamente se habituar a fazer a mesma coisa sem precisar fumar, que tal?

R8. Pelo ato de fumar, você toma consciência de si mesma, de sua presença e, então, se sente acompanhada. É possível fazer a mesma coisa de modo muito mais efetivo e saudável sem o cigarro. É questão de se permitir com mais frequência entrar em contato consigo mesma e se acompanhar mais de perto.

R9. Você fuma para não sentir? Então o que você está fazendo, na realidade, é se anestesiando, tornando-se insensível aos próprios sentimentos. É isso o que você quer realmente?

R10. Como você consegue relacionar a queima de tabaco e a aspiração de fumaça com tranquilidade?

15. NÃO SOU MERECEDORA, PORQUE EM MINHA VIDA JÁ ACONTECERAM MUITAS COISAS RUINS.

R1. Não é possível que as coisas ruins que aconteceram em sua vida, por si só, já lhe tornam merecedora?

R2. Talvez o que você esteja merecendo seja a aprendizagem de lidar com as coisas ruins.

R3. Pode ser que a questão não seja falta de merecimento, mas sim a falta de habilidade em perceber e aproveitar as coisas boas da vida.

R4. Você já pensou que, se você não fosse merecedora, talvez hoje não estivesse viva para fazer essa reclamação?

R5. Então é provável que você acredite que as pessoas ganham na loteria por merecimento, não é assim?

R6. Achar que você não é merecedora é uma dessas coisas ruins, talvez a principal, não acha?

R7. Você não conhece pessoas que têm muitos méritos para as quais também acontecem muitas coisas ruins? Eu conheço.

R8. Merecedora você é, pelo menos de coisas ruins, não é assim?

R9. Você quer dizer, então, que uma pessoa que enfrentou muitas desgraças e as superou não tem mérito?

R10. Você alguma vez já ouviu falar que, numa equipe de trabalho, as tarefas mais árduas e difíceis são geralmente designadas aos sujeitos mais hábeis, fortes, resistentes e inteligentes? Não poderia ser esse seu caso na relação com o criador?

A questão crucial do terapeuta é fazer com que o cliente seja capaz de fazer aquela troca de ideias más por boas que nos propõe Erickson. Algumas vezes, dependendo da abordagem terapêutica, esse processo pode demorar meses, às vezes anos. Também pode ocorrer de modo repentino e em poucos segundos. É uma questão, geralmente, de apertar o botão certo, no lugar e momento certo, com as pessoas certas. Não é fácil, mas é possível. A boa psicoterapia, no meu entender, é aquela que simplifica esses processos e consegue que o cliente troque suas más ideias por boas no menor tempo possível e com um mínimo ou nenhum (se é que é possível) sofrimento. Um dia, eu estava dando uma aula em um curso de PNL quando um aluno se queixou: "Entro em pânico cada vez que escuto a sirene de uma ambulância". Não sei bem como ou por que, mas imediatamente lembrei de uma piada sobre dois sujeitos e uma ambulância, e não resisti ao impulso de contá-la. O aluno, então, junto com vários outros, riu muito da história. Depois de algum tempo, ele veio me contar que, a partir daquele dia, havia deixado de entrar em pânico ao escutar uma sirene de ambulância. Agora aquilo lhe recordava a piada e risos, ou simplesmente passava despercebido.

16. NÃO CONSIGO FAZER REGIME E EMAGRECER. COMEÇO E, APÓS UMA SEMANA, SE NÃO OBTIVER O RESULTADO ESPERADO, DESISTO E VOLTO A ME ALIMENTAR MAL COMO ANTES.

R1. Fazer regime certamente você consegue. O que não aprendeu ainda é a construir expectativas realistas em relação aos resultados possíveis do regime que faz.

R2. Certamente ainda é mais importante para você satisfazer sua vontade de comer algo do que a vontade de estar mais magra e vestir as roupas que deseja.

R3. Talvez o que você não saiba é que o que emagrece não é o regime, mas sim a maneira como seu organismo metaboliza o que você come.

R4. O regime você sabe fazer. O que você não aprendeu ainda é a esperar o tempo adequado para obter bons resultados.

R5. Em certas culturas, como na árabe, mulheres que engordam são consideradas saudáveis e atraentes.

R6. O que você não tem sabido fazer é escolher regimes que já produzam resultados satisfatórios após a primeira semana.

R7. O que é se alimentar bem ou mal? Para uma criança comer muito doce, em geral, significa se alimentar bem, não é assim?

R8. Não é que você desiste, mas que não sabe como se convencer a continuar.

R9. Alimentando-se bem agora, neste instante, e subindo numa balança, você certamente notará que subiu de peso em relação ao momento logo antes de comer, certo? Então como você sabe se está ou não se alimentando bem? Como você sabe quais são os bons critérios?

R10. Não é que você não consegue fazer regime, mas sim que tem muita capacidade de sentir prazer com a comida. Você já pensou em investir em outras fontes de prazer menos engordativas?

17. A VIDA É DURA!

R1. Como está escrito na traseira do caminhão: "não é a vida que é dura, mas você que é mole".

R2. Como você pode definir a vida por completo tendo vivido apenas uma parte dela?

R3. Só é possível definir algo como "duro" tendo alguma referência dessa mesma coisa sendo "mole". Creio que você está eliminando certas experiências de sua vida, não está?

R4. Você nunca viu alguém se divertindo e desfrutando desta vida? Nunca bocejou ou se espreguiçou, e depois sentiu aquela deliciosa moleza? Talvez você esteja se referindo somente a alguns momentos difíceis de sua própria vida, ou de alguma outra pessoa, não é assim?

R5. O que pode ser difícil para uma criança pode ser fácil para um adulto.

R6. Se a vida fosse mole, haveria algum valor em fazer qualquer esforço?

R7. Talvez a vida não seja exatamente dura como você diz, mas você não está se sentindo devidamente valorizado ou pago pelos esforços que realiza, e por isso se queixa, não é?

R8. Se fosse mole, certamente estaríamos completamente largados. Sendo dura, nos agarramos segura e firmemente a ela.

R9. Sua afirmação é uma crítica muito dura a vida que nos cerca, você não acha?

R10. Dizer isso às pessoas faz certamente com que muitas se sintam agraciadas pela vida que tem, você não acha? Talvez esse seja mais um modo de praticar o bem.

18. O DINHEIRO É SUJO.

R1. O dinheiro em si não é nem sujo nem limpo, mas pode se tornar sujo pelo modo como as pessoas o utilizam ou se relacionam com ele.

R2. Um diamante no meio do barro continua sendo um diamante.

R3. Muitas pessoas têm dificuldades em ganhar dinheiro, certamente, porque pensam assim.

R4. Você diria o mesmo com respeito ao dinheiro que se usa para comprar a comida dos que têm fome e o remédio dos que estão doentes?

R5. Denegrir o que os outros têm e que certamente nos falta, em geral, é pura manifestação de inveja, não é?

R6. Se ele é sujo, por que tantas pessoas trabalham e se esforçam tanto para obtê-lo? Não estará você se referindo a uma situação muito particular?

R7. Você nunca pegou uma nota novinha em toda sua vida?

R8. Você sabia que, geralmente, existe um maior número e uma maior variedade de bactérias em nossas bocas do que em qualquer cédula?

R9. As coisas normalmente ficam sujas após muito uso, o que denota a grande utilidade e o imenso atrativo que o dinheiro tem para a maioria das pessoas.

R10. A graxa também é suja, você não acha? Entretanto, o bom funcionamento dos motores dos automóveis mais maravilhosos depende muito dela, não é verdade?

19. SE NÃO FAÇO O QUE ME PEDEM, DEIXAM DE GOSTAR DE MIM.

R1. Então não gostam de você, mas sim da utilidade que você tem para eles.

R2. Você alguma vez pediu algo e eles não fizeram? Você deixou de gostar deles por isso? Ou só teve uma raiva momentânea e depois ficou tudo bem?

R3. Talvez você esteja buscando amigos e não chefes ou tiranos, não é assim?

R4. Você gostaria de alguém que não fizesse absolutamente nada do que você lhe pedisse?

R5. Como você sabe disso?

R6. Deixam de gostar completamente de você? Quanto especificamente eles deixam de gostar de você?

R7. Creio que sua relação com essas pessoas está mais para "comércio" que outra coisa.

R8. Você, por acaso, alguma vez, já percebeu insatisfação em alguém para quem você fizera tudo o que ele pedira? Ou as pessoas sempre ficam completamente satisfeitas com o que você faz para elas?

R9. Parece que sua maior qualidade, na opinião das pessoas que gostam de você, é sua capacidade de fazer o que elas pedem, não é?

R10. Fazendo pelas pessoas aquilo que você não gosta de fazer, fará certamente com que você deixe, ao longo do tempo, de gostar delas. É isso o que você ou elas querem!?

20. SE MEUS PAIS NÃO ESTÃO FELIZES, EU NÃO POSSO ESTAR FELIZ.

R1. Eu creio que você inverteu as coisas. A felicidade dos pais depende da felicidade dos filhos, e não o contrário. O que define o desenvolvimento da paternidade e da maternidade é, geralmente, a ação de cuidar dos filhos para que eles estejam felizes, não é?

R2. Acho que você não está querendo se responsabilizar por sua própria felicidade, deixando-a nas mãos de seus pais.

R3. Com essa afirmação, você reforça a velha frase infantil "a culpa é sempre dos pais", não é verdade?

R4. Como, especificamente, a felicidade de seus pais autoriza sua própria felicidade?

R5. Então, quando seu pai estiver feliz e sua mãe chateada, você só estará autorizado a desfrutar de "meia" felicidade? E então, se você tiver um pai pessimista e uma mãe otimista, estará provavelmente condenado a nunca experimentar a felicidade plena, você acha isso justo?

R6. Você ainda não percebeu que esse é somente um "método" para que os filhos façam o que os pais querem e, dessa maneira, educá-los: "Se você não fizer como eu quero, vou ficar triste, mas se o fizer, ficarei feliz e você será recompensado por isso".

R7. Isso é sinal de que você ainda não conquistou sua independência emocional em relação a eles, e de que ainda não os percebe como indivíduos emocionalmente maduros e independentes.

R8. Talvez o que você queira dizer é que, se as pessoas que amamos não estão bem, ainda que estejamos bem, não conseguimos estar plenamente felizes, não é?

R9. Alguns pais se queixam muito da solidão vivida como resultado da feliz independência dos filhos já crescidos. É uma forma muito comum de gerar culpa nos filhos desavisados e prendê-los no cativeiro da infância perene. O que você acha disso?

R10. Você tem ou quer ter filhos? É pensando assim que os pais, frequentemente, fazem filhos infelizes, sabia?

21. O SER HUMANO NÃO PODE VIVER SEM TER, AO MENOS, UM PEQUENO VÍCIO.

R1. Então, pelo que você está dizendo, é provável que o vício seja parte da natureza humana, assim como a capacidade de abstração, e devemos aceitá-lo tranquilamente, não é assim?

R2. Será que você não está confundindo vício com hábito?

R3. Você não está falando de sua própria condição especificamente? Você conhece todos os seres humanos, de todas as culturas e de todos os tempos neste planeta? Por que atribuir a todos aquilo que percebemos em nós mesmos ou em um grupo particular de pessoas?

R4. Mesmo aquelas pessoas que padecem de vícios pesados vivem muitos momentos de abstinência, por exemplo, entre um momento de "uso da droga" e o seguinte. Não podemos dizer que essas pessoas estão vivendo nesses momentos de intervalo?

R5. Não tenho conhecimento da existência de bebês viciados, você tem?

R6. Acho que sua afirmação representa uma exagerada diminuição da capacidade humana e consequentemente uma visão muito pessimista da espécie a qual você pertence, você não acha?

R7. Você já fez ou conhece alguma pesquisa séria a esse respeito?

R8. Como você diferencia um pequeno de um grande vício?

R9. O que você está querendo *realmente* dizer com isso? É sobre o ser humano em geral ou sobre você mesmo?

R10. Não é que o ser humano não viva sem vícios, mas sim que ele não vive sem acreditar que pode tentar resolver angústias, tensões, ansiedades, medos etc., ainda que seja de um modo equivocado.

22. SÓ GANHA DINHEIRO QUEM JÁ O TEM.

R1. Se fosse assim, ninguém nunca deixaria de ser pobre para se tornar rico, e creio que isso ocorre e já ocorreu inúmeras vezes, não é assim?

R2. Isso me soa a desculpa para a preguiça de se esforçar e de aprender a conquistar aquilo que você não tem.

R3. Talvez isso seja uma verdade e, portanto, a forma de se ganhar dinheiro seria muito fácil, bastaria se associar a essas pessoas que já têm dinheiro para poder ganhá-lo, não é?

R4. Sendo assim, também podemos pensar que só perde quem tem, e você estaria livre dessa preocupação.

R5. Creio que você está transformando um aumento das probabilidades na única possibilidade, não está?

R6. Você sabia que há muito tempo não existia o dinheiro e, portanto, ninguém o tinha? Como alguns ganharam e outros não?

R7. O que é ter dinheiro? É ter um, dois, dez, mil, um milhão? Como você sabe que alguém tem dinheiro?

R8. Boa parte das companhias aéreas são deficitárias, ou seja, perdem dinheiro. Cada avião vale uma fortuna.

R9. Isso seria o equivalente a dizer: "só melhora quem já está bem". Eu creio que isso não é a verdade absoluta, como obviamente a experiência nos demonstra.

R10. Se isso fosse toda a verdade, os ricos do mundo seriam sempre os mesmos ao longo da história, e a economia seria uma ciência extremamente simples e monótona.

23. SE A RELAÇÃO SEXUAL DO CASAL NÃO É SATISFATÓRIA PARA AMBOS, O CASAMENTO ACABA LOGO.

R1. Poderíamos dizer que se a relação sexual do casal não é satisfatória para ambos, o casamento verdadeiramente nem começou.

R2. Se fosse assim, teríamos que admitir que praticamente não houve casamentos na primeira metade do século passado, e isso seria uma inverdade, não seria?

R3. Talvez nos aproximaríamos mais da verdade se disséssemos: se o casal não tiver uma intimidade satisfatória, o casamento acaba logo. E vida intima não é só sexo.

R4. Sei de casamentos cuja vida sexual era praticamente nula e duraram muitos anos, o que você acha disso?

R5. Antes do casal se conhecer, a relação sexual deles era absolutamente nula, certo? Então eles se conheceram e começaram a ter relações, não é assim? Foi um passo adiante na intimidade do casal. Portanto, se as relações vão mal, será que eles não podem aprender a torná-las melhor? As pessoas ficam doentes, mas também saram!

R6. Um dos aspectos de um relacionamento que pode ser determinante para você, pode não ser para outras pessoas. Você já pensou sobre isso?

R7. Se fosse assim, os casais, após uma certa idade na qual as relações sexuais tendem a ser escassas ou nulas, estariam todos separados, e isso certamente não é verdade.

R8. Que tal se invertermos a afirmação assim: "se o casamento acaba, as relações sexuais do casal tornam-se insatisfatórias"?

R9. É muito frequente a ocorrência de casos em que duas pessoas estão "perdidamente apaixonadas sem nunca terem sequer se beijado".

R10. Frequentemente, as relações sexuais extraconjugais, entre amantes, são muito satisfatórias para ambos, e em muitos casos esses amantes não se tornam um casal realmente casado, não é assim?

24. EVITO ME EXPOR E SER CRITICADO, POIS NÃO SUPORTO RECEBER CRÍTICAS E ME SENTIR REJEITADO.

R1. Na realidade, o que você está evitando é entrar em contato com crenças e valores alheios.

R2. Não é que você não suporta receber críticas, mas sim que não sabe como responder assertivamente a elas.

R3. Talvez você esteja recebendo as críticas como se elas fossem "juízos finais e definitivos", como se as pessoas que criticam fossem "deuses todo-poderosos", não é assim?

R4. Será que o que você quer evitar não é a possibilidade de mudar seu ponto de vista a partir da tomada de consciência da perspectiva dos outros.

R5. Então creio que sua tática é: "rejeitar antes de ser rejeitado", não é?

R6. Desse modo, você não só evita a rejeição dos outros, mas também a possibilidade de ser elogiado, aceito e também de crescer a partir de perspectivas diferentes das suas.

R7. Sendo assim, tenho a impressão de que você pretende aceitação incondicional.

R8. O que você não suporta é ser um ser humano único e diferente de todos os demais!

R9. Certamente é mais importante para você satisfazer as expectativas dos outros do que a verdade da sua experiência única.

R10. Evitando se expor, você deixa claro que o que teme não é a rejeição, mas sim a possibilidade de rejeição. Evitando se expor, você já está rejeitando a si mesmo, certo?

25. FALAR EM PÚBLICO ME DEIXA EM PÂNICO, E ISSO ME FAZ SENTIR RIDÍCULO.

R1. Não é falar em público que deixa você em pânico, mas sim o modo como percebe as pessoas para as quais você fala.

R2. Eu acho que você inverteu a ordem das coisas. O fato de se sentir e se achar ridículo deixa você inseguro diante do público, e a partir daí a experiência do pânico é disparada.

R3. Ficar em silêncio diante do público não deixa você em pânico?

R4. Quando você assiste uma conferência, o que já deve ter feito várias vezes, qual comportamento seu como ouvinte, especificamente, poderia deixar o palestrante em pânico?

R5. Como pode responsabilizar o público por algo que nem mesmo você aceita como experiência?

R6. O que, na sua imaginação, torna o público tão perigoso, tão ameaçador?

R7. Ao entrar em pânico, você certamente está supervalorizando a opinião do público; e, quando se sente ridículo, está claramente a desprezando. Talvez você precise encontrar um meio termo, não acha?

R8. Entrar em pânico não é problema. O problema é ficar muito tempo em pânico ou não sair dele. Muitos atores bons e famosos admitem entrar em pânico cada vez que estreiam uma nova peça, mas que isso não dura mais do que trinta ou quarenta segundos. Talvez esse estado seja uma espécie de motor de arranque, que tal?

R9. É possível que seu pânico esteja associado a seu medo de errar, o que é natural quando se está aprendendo uma nova habilidade. Talvez você acredite que tenha que ter essa habilidade, a de falar em público, sem praticar, e isso pode ser falta de informação ou preguiça.

R10. É provável que essa hipervalorização da opinião do público venha a torná-lo, um dia, um excelente conferencista, como é o caso de vários famosos.

26. VOCÊ NÃO ME VALORIZA, SEMPRE ESQUECE AS COISAS QUE LHE PEÇO.

R1. Talvez seja você quem não me valorize, não recordando nenhuma das vezes em que me pediu algo e eu me lembrei.

R2. A verdade é que valorizo você tanto que me permito abusar da confiança. Relaxo, me distraio e esqueço. Com estranhos isso nunca acontece.

R3. Se você solicita pão numa farmácia é provável que não obtenha o que pede, não é assim?

R4. Quando seu computador lembra de tudo o que lhe pede, isso significa então que ele valoriza você?

R5. Se o que está me dizendo é verdade, você também não se valoriza continuando a se relacionar comigo. Se se esquece de si mesma, como pretende que alguém lembre?

R6. Esqueço absolutamente tudo o que você me pede? Inclusive quando você me pede que passe o sal quando estamos almoçando?

R7. Você já pensou na possibilidade de que o modo e o momento em que me pede certas coisas sejam a causa mais provável do meu esquecimento.

R8. Você, eu valorizo muito! O que não valorizo são as coisas que me pede.

R9. Se sabe que eu esqueço, por que me pede? Acho que você não dá muito valor a essas coisas que me pede, e talvez esse seja o mais provável motivo do meu esquecimento.

R10. Pelo contrário, se você está tão convicta de que sempre esqueço, estou fazendo sempre o que você deseja, ou seja, esquecer.

27. SE VOCÊ NÃO ESTUDAR E NÃO FIZER UM CURSO SUPERIOR, NÃO SERÁ NINGUÉM NA VIDA.

R1. Os bebês certamente não estudam e não têm curso superior, e todos a sua volta vivem praticamente em função deles, não é assim?

R2. Na época de Sócrates, Platão, Aristóteles, Jesus e muitos outros notáveis, não existiam as universidades, eles nunca fizeram um "curso superior". Você vai me dizer que eles não foram "ninguém"?

R3. Conheço muitas pessoas que são consideradas "alguém" na vida e, no entanto, são infelizes.

R4. Se você pesquisar, vai constatar que o mundo está repleto de pessoas portadoras de algum diploma do ensino superior. No entanto, são "anônimos fracassados" em suas especialidades.

R5. O que você acha de mudarmos essa afirmação para: "se você não estudar e não fizer aquilo que ama", não será ninguém na vida?

R6. Você seria capaz de me dizer detalhadamente tudo o que vai acontecer amanhã? Se não, como pode pretender prever ou saber o que vai acontecer em uma vida inteira?

R7. Eu sei que sua intenção ao dizer isso é que eu me dê bem na vida, e lhe agradeço por isso. Entretanto, se olharmos à nossa volta, encontraremos muitas outras formas de realização, não é assim?

R8. Por que valorizar tanto o sucesso profissional em detrimento de outras áreas tão importantes na vida?

R9. O zen-budismo, de um modo geral, prega a aniquilação do "eu" como forma de atingir o grau máximo do desenvolvimento espiritual. Pelo que você está dizendo, deixar de estudar e de fazer um curso superior deve ser uma maneira fácil de alcançar esse estágio.

R10. Você me garante, sob pena de ter que me pagar um milhão de reais, que se eu estudar e fizer um curso superior serei alguém na vida?

28. VOCÊ É EGOÍSTA, POIS SÓ SE INTERESSA E PRESTA ATENÇÃO ÀS SUAS COISAS.

R1. Então, ao dizer isso, você está sendo duplamente egoísta, pois além de atender os próprios interesses, como qualquer ser humano normal, quer que eu também os atenda, não é assim?

R2. Tudo que amo e prezo, como você, considero como algo meu. O que acha disso?

R3. Se eu só me interessasse por minhas coisas, não ouviria e muito menos responderia a sua acusação, não é verdade?

R4. Recordando bem os fatos, na primeira vez que lhe vi, você ainda não era minha, lembra?

R5. Entendo. Você quer que eu seja mais seu do que já sou, não é?

R6. Os psicólogos dizem que esse tipo de acusação é típico das pessoas que não sabem valorizar a si mesmas.

R7. E se você sentisse minhas coisas como suas também?

R8. Você presta atenção em mim 24 horas por dia, todos os dias para ter certeza de que eu só me interesso e presto atenção às minhas coisas? É assim?

R9. Quando nos conhecemos, uma das qualidades que você apreciou explicitamente em mim foi a de que eu cuidava muito bem das minhas coisas, não foi?

R10. Não é egoísmo, mas medo de perder o controle daquilo que considero ser minha responsabilidade.

29. A INTIMIDADE É PERIGOSA, SE NÃO TOMARMOS CUIDADO, PODE DESTRUIR O RELACIONAMENTO.

R1. Não é a intimidade que é perigosa, mas sim a falta de cuidado com o outro que pode destruir um relacionamento, seja íntimo ou de qualquer espécie.

R2. O que acontece é que associamos intimidade e confiança. Pensamos que quanto mais intimidade mais confiança. Na realidade, porém, é frequentemente possível haver intimidade sem muita ou nenhuma confiança, então nos surpreendemos com as reações alheias.

R3. Você acredita que sua intimidade consigo próprio possa destruir seu relacionamento com você mesmo?

R4. Normalmente, quanto mais próximos estamos de algo, mais intensa poderá ser a influência positiva ou negativa desse algo sobre nós.

R5. Se você quer observar um leão de longe, não precisa tomar muito cuidado e prestar muita atenção, mas se quiser observar de perto precisa ter muito mais cuidado. Agora, se quiser ser amigo do leão, o que poderá tornar você muito poderoso, terá que aprender e respeitar profundamente sua forma e seus códigos de comportamento.

R6. Perceber a intimidade como perigosa já é um indício de que esse relacionamento não está muito bem, não é verdade?

R7. Pelo que me consta, em geral, terminam mais fácil e rapidamente os relacionamentos em que não existe intimidade. Intimidade, com frequência, gera apego. É muito mais fácil não ver nunca mais pessoas que não são íntimas, não é?

R8. Há quem diga que se você tiver que tomar muito cuidado é sinal de que não existe uma verdadeira intimidade no relacionamento.

R9. Existe um relacionamento tão íntimo quanto o que há entre mãe e filho, principalmente no período da gestação? Como essa intimidade pode ser especialmente perigosa, se é que pode realmente?

R10. Creio que geralmente é pela falta de intimidade no relacionamento que ele se desfaz, não é assim?

30. QUANDO FALO COM PESSOAS QUE CONSIDERO SUPERIORES A MIM, FICO INSEGURO E NÃO ME COMUNICO COMO GOSTARIA.

R1. Não deveriam as pessoas superiores terem uma maior capacidade de compreensão e, portanto, entenderem melhor o que comunicamos a elas? Na realidade, deveria ser muito mais fácil comunicar-se com pessoas superiores.

R2. Como, especificamente, você sabe quando alguém é superior a você?

R3. Se essas pessoas são realmente superiores a você, talvez não seja adequado você se comunicar com elas, não é assim?

R4. E quando você se comunica com pessoas que considera inferiores? A comunicação é satisfatória para você? Seu objetivo é comunicar-se ou ser aprovado, aceito, reconhecido? Já pensou sobre isso?

R5. Você sempre se comunica como gostaria com pessoas que considera do mesmo nível que o seu?

R6. Como especificamente considerar alguém superior deixa você inseguro e interfere na sua comunicação com essa pessoa?

R7. As crianças em geral se sentem mais seguras quando estão com pessoas superiores a elas nos mais diversos aspectos, não é assim?

R8. Talvez você queira falar com pessoas "superiores" do mesmo modo como fala com as pessoas que considera como "iguais". Será que não seria melhor encontrar o modo como as pessoas "superiores" se comunicam, antes de tratar de se comunicar com elas?

R9. Há pessoas que acham que podem se tornar "superiores" só pelo fato de falarem com pessoas "superiores". Não poderá ser esse o seu caso, e você ainda não esteja suficientemente preparado para entrar nesse novo "clube"?

R10. Talvez você não goste dessas pessoas "superiores", elas fazem com que você se sinta inseguro, e por isso não se comunique bem com elas, não é assim?

31. NÃO CONSIGO ESQUECER MEU EX-NAMORADO, PORTANTO SOFRO ACHANDO QUE AINDA GOSTO DELE E NÃO O TENHO MAIS.

R1. Não será que o "achar que gosta" é a fonte do seu sofrimento. Penso que quando alguém gosta com toda convicção, na verdade, se sente muito bem. Que tal?

R2. É essa uma questão de realmente não conseguir? Acho que na realidade você não quer esquecê-lo. Esquecer, geralmente, é uma habilidade que utilizamos, até inconscientemente, para as coisas que não gostamos e não para as que ainda gostamos.

R3. Eu acho que você confunde gostar com estar apegada, não é assim?

R4. Será que alguém que sofre de diabete e lembra disso todos os dias, várias vezes por dia, porque tem que controlar seus índices e se medicar, o faz porque gosta da doença?

R5. Certamente você gosta das lembranças que tem dele, mas não dele, porque, se assim não fosse, ainda estaria com ele, certo?

R6. Creio que o que você não consegue esquecer é sua necessidade natural de gostar e ter alguém que supra suas necessidades afetivas como mulher. Como ainda não surgiu mais ninguém para ocupar esse lugar, você se sente assim. Quando surge o novo o velho tende naturalmente a desaparecer.

R7. A dificuldade está no fato de você estar sempre recordando a "ausência" dele e não a boa presença que um dia foi real, não é assim?

R8. Na verdade, o que você está fazendo com isso é deixar de valorizar suas verdadeiras necessidades, como certamente ele fazia e você se queixava.

R9. Quando alguém supervaloriza o apetite de hoje, amanhã se arrepende do excesso cometido, não é assim?

R10. Não conseguir esquecê-lo é uma queixa, certo? Portanto sua intenção é: *esquecê-lo*, não é? Você acredita que alguém cuja intenção seja lhe esquecer goste de você de verdade?

32. OS HOMENS SEMPRE VÃO ME ABANDONAR, PORQUE SEMPRE TEM OU SURGIRÁ ALGUÉM MAIS INTERESSANTE DO QUE EU.

R1. Na realidade, o que está dizendo é que, se fosse um homem, não escolheria você como parceira, não é assim?

R2. Você abandona coisas menos interessantes pelas mais interessantes? Como você sabe quando algo é mais interessante?

R3. Que poder! Parece que você sabe prever com toda a certeza o comportamento de todos os homens.

R4. Quando você escolhe uma roupa, busca a mais interessante para determinada ocasião, um dia, uma noite. Quando escolhe uma casa para morar, o faz para um tempo mais longo, um ano, dois ou muitos. Uma profissão, em geral, escolhe pensando para a vida toda, não é? Talvez você não esteja considerando esse elemento temporal que difere, dependendo da área da vida e do tipo de escolha que se faz.

R5. O que determina que um homem lhe escolha não é o que você acha que é "mais interessante" numa mulher, mas sim o que *ele* acha que é "mais interessante" numa mulher, não é assim?

R6. Já ouviu falar das profecias que se autocumprem? Pensando desse jeito, é muito provável que você se comporte, inconscientemente, no relacionamento com um homem, de tal modo que o induza a lhe abandonar, embora você, conscientemente, preferisse que não. Pense sobre isso.

R7. Talvez o que você esteja desejando é ser a mais interessante de todas as mulheres, e não um homem que lhe ame, certo?

R8. O que você diria a um homem por quem estivesse apaixonada que pensasse como você?

R9. É possível que você precise aprender a perceber o seu parceiro como o mais interessante de todos sempre, e assim ele faça o mesmo com você. Muito, muito amor.

R10. Os homens e mulheres mais primitivos exploram irracionalmente a caça e a terra de um determinado lugar até esgotá-la, e depois a abandonam indo em busca de outros lugares "mais interessantes". Os seres humanos mais evoluídos e maduros pensam no longo prazo e cuidam para preservar o meio ambiente, explorando-o de modo racional, numa relação de troca justa.

33. TENHO QUE BEBER PARA RELAXAR E CONSEGUIR CONVERSAR COM AS PESSOAS ME SENTINDO À VONTADE.

R1. Quando você bebe, o que acontece na realidade é que se anestesia e não sente certas sensações. Isso é, certamente, bem diferente de relaxar.

R2. Quem se sente à vontade não é você exatamente, mas sim seu eu alcoolizado, entende?

R3. Então o que você faz ao beber é se libertar da tensão e se aprisionar na bebida, não é assim?

R4. Você só acha que tem que beber porque nunca teve a oportunidade de aprender uma boa técnica de relaxamento que lhe permita permanentemente se sentir à vontade.

R5. Tenho certeza de que com algumas pessoas, talvez as mais íntimas, você conversa à vontade sem a necessidade de beber. O que acontece é que aprendeu a ter pouca tolerância a certos tipos de tensão do dia a dia, que para muitas pessoas passam quase totalmente despercebidos.

R6. O que você acharia de alguém que só conseguisse estar e falar com você acompanhado de um médico ou guarda-costas?

R7. Especificamente, quais músculos de seu corpo relaxam quando você bebe, deixando-o à vontade para conversar com as pessoas?

R8. Se beber faz você se sentir à vontade, por que quer mudar isso? Ou será que a bebida tira sua noção de consequência e é isso que deixa você à vontade? Quando está sóbrio, constata que o "crime não compensa"?

R9. Creio que o que deixa você à vontade ao conversar com as pessoas não é a bebida, mas certamente não prestar atenção à possibilidade de alguma crítica negativa por parte delas.

R10. Parece que você valoriza muito mais uma boa conversa com as pessoas do que a própria saúde física e mental. Isso é que é amor às pessoas! Não é?

34. QUEM TRABALHA NÃO TEM TEMPO PARA GANHAR DINHEIRO.

R1. Talvez o que você queira dizer, simplesmente, é que, se alguém trabalha sem cobrar, não ganha dinheiro.

R2. É possível que você tenha razão. Geralmente, pessoas que amam o que fazem trabalham muito e não necessitam tanto dinheiro para se sentirem recompensados pelo esforço. Poder fazer o que faz já é, para essa pessoa, um bom pagamento. Normalmente, quanto menos você gosta do que faz, mais dinheiro precisa ganhar para se sentir compensado.

R3. Ganhar dinheiro não é questão de tempo, mas sim de foco.

R4. Você só acredita nisso porque está ressentido com sua própria situação, tem trabalhado muito e ganhado pouco.

R5. Certamente, é assim que pensam muitos mendigos.

R6. É provável que, por inveja daqueles que têm dinheiro, você esteja querendo desvalorizar o trabalho que fazem para conseguirem o que têm.

R7. Aqueles que têm dinheiro, em muitas situações da vida, fazem menos esforço do que os que não têm. Por exemplo: viajam de avião em vez de carro, vão de táxi ao invés de irem a pé, contratam outros para construírem suas casas. Pagam a outros para que façam esses esforços por eles. E você, em sua visão infantil e superficial, acha que eles não fazem nada, não é assim?

R8. Há muitas formas de trabalho com diferentes formas de valorização. O trabalho não é a única forma de gerar dinheiro (tem a loteria, herança, certos casamentos etc.), e o dinheiro não é a única maneira de se valorizar o trabalho (reconhecimento, afeto, fama, poder, sentimento de dever cumprido etc.).

R9. Dinheiro muitas vezes não requer tempo para ser ganho. Por exemplo, as crianças que nascem numa família que já é rica.

R10. Frequentemente, aqueles que ganham muito dinheiro não têm tempo para gastá-lo, pois trabalham muito para administrá-lo.

35. EM UM PRIMEIRO ENCONTRO, AS PESSOAS ME EVITAM OU SE AFASTAM. CREIO QUE TENHO UMA CARA FEIA E VIBRAÇÕES RUINS.

R1. Se as pessoas evitam ou se afastam de você, então não existe um "primeiro" encontro!

R2. Você nunca se aproximou e interagiu com pessoas que considerava feias e com vibrações "ruins"?

R3. Certamente, você já fez o mesmo com outras pessoas, não é verdade?

R4. Você tem toda razão, essa sua crença certamente afasta as pessoas. Aconteceria a mesma coisa comigo se eu pensasse assim sobre a minha pessoa.

R5. Talvez você tenha que chamar de "primeiro encontro", o segundo ou terceiro encontro, que tal?

R6. Uma das razões por que isso acontece com você é que, provavelmente, queira ser mais atraente do que na realidade é, e então só registra afastamentos e hesitações.

R7. Eu conheço muitas pessoas que não aprenderam ainda como se comunicar eficientemente em um primeiro encontro para interagirem satisfatoriamente. Essa é uma habilidade que se desenvolve e existem técnicas muito boas e efetivas para isso.

R8. Quando você nasceu, o médico, a parteira, sua mãe, todos se afastaram ou lhe evitaram?

R9. Será que não é você quem se afasta e evita a si mesmo em um primeiro encontro com as pessoas?

R10. É praticamente indiscutível a percepção de que os bebês, em geral, são bonitos e têm boas vibrações, no entanto muitos são abandonados pelos próprios pais. E então?

36. AS MULHERES PERDEM A CABEÇA POR DINHEIRO!

R1. Tenho certeza de que a história mostra um número muito maior de homens do que de mulheres que perderam a cabeça por dinheiro.

R2. Qualquer pessoa que esteja insegura quanto a sua possibilidade de gerar a renda necessária para cobrir suas necessidades básicas tenderá a "perder a cabeça" por dinheiro.

R3. Conheci pessoas que perderam a vida por dinheiro.

R4. Porque você chama de "perder a cabeça" o entusiasmo e a escolha de uma mulher por algo melhor em sua vida?

R5. Não é exatamente isso. O que acontece é que as mulheres se entregam mais intensamente a seus sonhos de uma vida melhor.

R6. Os homens, usando sua força física superior, trataram as mulheres durante muitos séculos como crianças. Ainda hoje, elas sofrem as consequências desse tratamento e, muitas vezes, deixam-se seduzir por futilidades. Em nossa época, devido ao incremento da igualdade de condições, aumenta a cada dia o número de mulheres com valores mais profundos que a maioria dos homens.

R7. Como você sabe quando alguém "perde a cabeça"? Muitas pessoas chamam de "perder a cabeça" o ato de escolher algo que elas não concordam.

R8. Talvez a diferença nesse ponto entre homens e mulheres é que, para os homens em geral, o dinheiro se associa a "trabalho" e, para as mulheres, a "prazer, conforto e diversão".

R9. E os homens "perdem a cabeça" pelas mulheres, não é verdade? São os ciclos das relações.

R10. Não é que elas "perdem a cabeça". Dinheiro é poder, e o poder permite às pessoas pensarem e fazerem escolhas diferentes e frequentemente melhores, certo?

37. AS MULHERES FALAM DEMAIS E SEM PENSAR, CRIANDO MUITA CONFUSÃO.

R1. Em geral, as mulheres são bem mais comunicativas do que os homens, você não acha?

R2. Falando o que pensam sem tantos bloqueios, elas podem ser corrigidas mais rapidamente e, assim, evoluírem a uma velocidade maior, não é assim?

R3. Muitos homens criam muita confusão por ficarem calados.

R4. Muitos atores, ao representarem um personagem, falam quase o tempo todo da peça, sem pensar praticamente, porque são textos decorados. Nem por isso criam alguma confusão, pelo contrário, as pessoas pagam para ouvi-los.

R5. As mães, de um modo geral, são as encarregadas da adequada socialização dos filhos. São elas, principalmente, que os ensinam a falar. Por isso nos referimos a primeira língua como sendo a "língua materna", não é assim? Elas não falam demais, elas cumprem uma função básica de transmissão de certas habilidades comunicativas.

R6. Frequentemente, é através da fala que esclarecemos situações, evitamos e desfazemos confusões.

R7. Como você sabe quando elas estão falando sem pensar?

R8. Às vezes as pessoas acham que os outros falam demais só por se sentirem excluídos de uma conversa, não é assim?

R9. Basta uma única palavra dita no momento, no lugar e/ou para a pessoa errada para considerarmos que esse indivíduo falou demais, não é verdade?

R10. Se uma mulher muito atraente dissesse, num primeiro encontro, sem pensar, que você é o sujeito mais interessante que ela conheceu em toda sua vida, você diria que ela estaria falando demais? Não? Por quê?

38. PARA SEDUZIR E CONQUISTAR, A MULHER ACEITA E ADMIRA SEU MODO DE SER E TUDO O QUE VOCÊ FAZ. QUANDO VOCÊ FINALMENTE SE ENTREGA, ELA COMEÇA A CRITICAR, CONTROLAR, E TRATAR DE MOLDAR VOCÊ DA MANEIRA QUE CONSIDERA MAIS CONVENIENTE.

R1. Tenho a impressão de que as mulheres têm a mesma queixa em relação aos homens. Não será essa uma questão de espécie e não de gênero.

R2. Se ela quer que você lhe seja conveniente, isso quer dizer que ela lhe ama, não é assim?

R3. Se ela não gostasse de você, simplesmente não teria o mínimo interesse em lhe controlar.

R4. Você trata da mesma forma um filho bebê e um adolescente?

R5. Parece que elas fazem um grande esforço para conquistar você, não é? Talvez, depois de conseguirem, elas queiram alguma compensação, certo?

R6. Pelo que está dizendo, acho que você não se entrega realmente, pois não aceita facilmente as conveniências pretendidas por ela.

R7. Você concorda comigo que conhece melhor uma pessoa conhecendo suas intenções do que seu comportamento aparente. Se você não se entregar, só conhecerá aparências e não poderá saber se realmente ama uma mulher, concorda?

R8. Pela minha experiência, as mulheres criticam, querem controlar e modificar aquilo com o qual não estão satisfeitas. Você não acha?

R9. Você está querendo me dizer que *todas* as mulheres são uma fraude?

R10. Pode ser que, no início de uma relação, você mostre a ela só o seu melhor, e assim a seduza e conquiste. Depois, com o passar do tempo, quando ela já está completamente apaixonada, você relaxa e começa a mostrar "defeitos e fraquezas", certo? Então, como ela descobriu que gosta muito de você e quer lhe preservar, trata, desesperadamente, por amor, de dar um jeito nas suas falhas.

39. QUANDO NÃO FAÇO O QUE ELA QUER, ELA COMEÇA A CHORAR OU APELA PARA QUALQUER OUTRO TIPO DE CHANTAGEM EMOCIONAL. ISSO ME GERA CULPA E MEDO DE PERDÊ-LA.

R1. Parece que você precisa da aprovação dela para fazer o que quer, não é assim?

R2. Ao responder do jeito que ela espera com as chantagens emocionais, fará com que ela continue repetindo esse comportamento, até que você deixe de reagir assim. As relações humanas são sistêmicas meu amigo.

R3. Pode ser que não seja o choro dela que gere culpa, mas sim sua culpa que gere o choro dela. Que tal?

R4. Seu medo de perdê-la evidencia sua insegurança, que o torna vulnerável e a coloca em uma posição de poder em relação a você, maior do que seria adequado a um relacionamento equilibrado.

R5. Você quer me dizer que tem medo de perder alguém que lhe controla tiranicamente por meio de chantagens emocionais?

R6. O que você está me descrevendo parece ser um relacionamento entre uma mãe e sua criança e/ou vice-versa, não uma relação entre dois seres adultos.

R7. Conheço mulheres que trocaram seus homens por outros porque não queriam fazer as coisas do jeito eles queriam.

R8. Se você tem tanta certeza de que é só chantagem emocional, então por que a culpa e o medo de perdê-la?

R9. Há mulheres que choram e fazem chantagem emocional mesmo quando os homens fazem o que elas querem.

R10. Você sabe realmente o que ela quer, o que é importante para ela?

40. O CASAMENTO É UMA PRISÃO NA QUAL VOCÊ NÃO PODE SER REALMENTE QUEM É NEM FAZER O QUE TEM VONTADE.

R1. Não é só o casamento, qualquer tipo de relacionamento que implique em compromisso, direitos e deveres, como sociedades, amizades etc. Qualquer um deles, se não for satisfatório, pode se transformar numa prisão.

R2. Muitas pessoas na prisão são quem são e fazem várias de suas vontades.

R3. Algumas pessoas querem se associar a outras com a exclusiva expectativa de obter vantagens, esquecendo que, na vida adulta, o sucesso dos relacionamentos implica em um razoável equilíbrio entre dar e receber.

R4. Penso que não é o casamento que proporciona a sensação de estar numa prisão, mas sim o modo como você o percebe e experimenta.

R5. É um comportamento típico das crianças culpar os outros pelas próprias frustrações.

R6. Pessoas que não têm a habilidade para dividir e compartilhar prazerosamente com os demais, em geral, sentem-se presas e limitadas em sua individualidade quando convivem com outras.

R7. Conheço um brasileiro que se casou com uma inglesa e, assim, libertou-se da condição de estar ilegal na Inglaterra.

R8. Muitas jovens, principalmente no passado, se casaram para se libertarem da tirania e prisão que era sua vida na casa de seus pais, não é assim?

R9. A prisão, geralmente, é o castigo para aqueles que não estão de acordo e não cumprem as regras estabelecidas para o convívio comunitário.

R10. O que você certamente quer com essa queixa não é ser quem é e fazer o que tem vontade, mas sim ser aprovado ao ser quem é e fazer o que quer fazer.

41. MULHER É BICHO COMPLICADO. TRATAR DE ENTENDÊ-LAS É MISSÃO IMPOSSÍVEL.

R1. E, apesar disso, nós homens não deixamos de pensar e ir atrás delas. Imagina como seria se fossem simples e as entendêssemos.

R2. O fato de que alguém, por exemplo, não entenda a língua inglesa não significa que ela seja complicada, não é?

R3. Se você acredita que é impossível entendê-las, certamente não saberá dar a elas o que querem, e provavelmente não será atraente para elas. Como resultado, ficará sozinho. É isso que quer?

R4. Geralmente, quando alguém faz coisas que não esperávamos ou não faz o que queremos, a rotulamos de “complicada”. Mas só é assim devido a nossa frustração, e não porque seja a “verdade” sobre aquela pessoa.

R5. Muitas vezes, o que os homens querem não é entender as mulheres, mas sim controlá-las.

R6. A falta de experiência e habilidade pode fazer de muitas coisas nesta vida “algo complicado”.

R7. Certamente, um ser capaz de gerar outro ser (você, por exemplo) em seu próprio ventre não pode ser muito simples, certo?

R8. Não são as mulheres que são complicadas, mas a mente dos homens que não está suficientemente desenvolvida para compreendê-las.

R9. Já ouvi de muitas mulheres que se sentem compreendidas pelo homem amado, principalmente quando se sentem amadas por ele.

R10. Entretanto, há “missões impossíveis” que valem a pena embarcar e outras não. Você não concorda?

42. OS POLÍTICOS SÃO CORRUPTOS, NEGOCIAM SUA ALMA POR QUALQUER VANTAGEM.

R1. Talvez eles não tenham alma. Você nunca pensou sobre isso?

R2. Certamente, a alma deles é a “vantagem”.

R3. Como diz o velho ditado: “uma andorinha só não faz verão”. O que dizer então dos não políticos que fazem as indecentes negociações com eles? Não será a corrupção um velho hábito do povo relacionado ao poder neste país? Ou na maior parte dos países?

R4. Acho que o que caracteriza o corrupto é negociar sempre a alma dos outros acreditando que assim preserve a própria.

R5. Dizem que os políticos são o reflexo de seus eleitores: “cada povo tem o governo que merece”.

R6. Ser corrupto na política é trair a confiança depositada em prol do bem comum, utilizando-a para proveito próprio. Não será essa uma fraqueza humana, e não exclusiva dos políticos.

R7. Você conhece o completo histórico de todos os políticos para fazer uma afirmação tão abrangente?

R8. Creio que você está falando de comércio e não de política.

R9. Não negociam sua alma por qualquer vantagem, mas sim pelas “melhores” vantagens disponíveis.

R10. Em geral, a corrupção existe na mesma proporção da ignorância, covardia e preguiça dos eleitores.

43. SÓ É POSSÍVEL PARA ALGUÉM SER BOM OU EXCELENTE NO QUE FAZ SE PASSAR POR DIFICULDADES E SOFRIMENTOS.

R1. Quando alguém ama o que faz, pode estar horas praticando que não percebe essa prática como sofrimento ou trabalho.

R2. Pelo fato de que alguns “gênios no que fazem” se queixarem do grande trabalho que tiveram para chegar onde chegaram, isso não significa que não seja possível essa genialidade sem dificuldades. Conheço vários que não se queixam, só querem fazer mais e melhor.

R3. Muitos seres habilidosos se queixam das dificuldades experimentadas para conseguirem alcançar o atual nível de excelência com o propósito de autovalorização e melhor remuneração. Nosso mundo de aparências não paga bem aquilo que é “fácil” para alguns.

R4. Essa é uma velha crença da tradição judaico-cristã: “Só os que sofrem entrarão no reino dos céus”. Você pensa assim por que foi criado nessa cultura e internaliza suas crenças.

R5. Dificuldades e sofrimento são experiências inerentes à vida neste mundo, seja alguém excelente ou não naquilo que faz. Por que tornar isso uma condição para a excelência se muitas pessoas sofrem repetidamente e não saem do lugar? Penso que você precisa rever essa ideia, não acha?

R6. Dizer que algo é realmente muito difícil de ser alcançado é uma forma de consolo ou justificativa para aqueles que não conseguem seu objetivo.

R7. Para um falante natural de uma língua, por mais complexa que ela seja, o processo de aprendizagem não é experienciado como sofrimento, por melhor que ele fale essa língua.

R8. Já que você está estabelecendo uma condição, diga-me quanto de sofrimento e quantas dificuldades, especificamente, são necessárias até que alguém se torne excelente no que faz.

R9. Pessoas que atingem a excelência no que fazem normalmente não falam de dificuldades e sofrimento.

R10. Conheço pessoas que já passaram por muitas dificuldades e sofreram bastante em determinada atividade e não alcançaram a tão desejada excelência. Inclusive, devido ao sofrimento e às dificuldades, abandonaram a área.

44. MINHA FILHA FOI EMBORA DE CASA PARA MORAR SOZINHA COM 25 ANOS. ACHO QUE ELA NÃO GOSTA MAIS DE MIM, POIS DEVO TER FEITO ALGO ERRADO.

R1. Ela não foi "morar sozinha", pode ter certeza. Ela foi buscar uma maior convivência com as pessoas da geração dela. O que demonstra que você fez um bom trabalho e ela é uma jovem normal.

R2. Talvez seja você que não saiba como gostar dela morando em outro lugar.

R3. As muletas podem ser úteis quando suas pernas estão incapacitadas de se movimentarem por alguma razão. As muletas podem ser um estorvo e um peso desnecessário quando você é capaz de andar sem elas.

R4. Parece que, segundo você, ao sair de casa ela está fazendo algo errado, não é? E você deixou de gostar dela por causa disso?

R5. Você não fez nada de errado, simplesmente não percebeu que estava mais dependente dela do que ela de você, certo? Estranha situação para uma mãe, você não acha?

R6. A casa dos pais dela sempre continuará sendo a casa dos pais dela. O que ela quer agora é ter sua própria casa. É um direito de todo ser humano adulto, você não acha?

R7. Outro dia, conversando com um casal, eles me disseram: "Não sabemos onde erramos, nosso filho já tem 40 anos e não demonstra ainda a mínima vontade de sair de casa, ter a dele e construir sua própria família".

R8. Ela só trocou de casa, não de mãe.

R9. Pelo que está dizendo, você ama muito sua filha e ela ocupa um lugar muito importante em sua vida. Justamente esse fato deu a ela uma grande segurança afetiva e a coragem para se tornar uma mulher adulta independente, não é assim?

R10. Os filhos só conseguem retribuir um pouco do que receberam de seus pais quando têm filhos e passam a eles o que receberam quando dependiam de seus próprios pais. Essa é uma das formas mais eficientes de expressão de gratidão em relação à geração que os criou. Retribuir o que se recebe não é somente um direito, mas uma necessidade fundamental para se manter o equilíbrio nas relações desta vida, entende?

45. QUANDO AS PESSOAS NÃO ME RESPEITAM, SINTO-ME INFERIOR E FICO DESMOTIVADO PARA CONTINUAR NA ATIVIDADE EM QUE ESTOU ENVOLVIDO.

R1. Certamente, você se considera mais importante do que a atividade na qual está envolvido.

R2. Eu tenho um palpite: acho que você se sente superior quando as pessoas lhe respeitam, não é? Será essa atitude de sua parte uma forma respeitosa de responder a devida consideração dos demais?

R3. Grandes artistas, em um primeiro momento, foram profundamente desrespeitados pela crítica, entretanto acreditaram no que faziam e persistiram, conseguindo finalmente o respeito do público. Ao depositar toda sua motivação na experiência do respeito alheio em relação ao que você faz, torna muito alta a probabilidade de que desista da atividade em questão, não acha?

R4. Há pessoas que confundem respeito com aceitação incondicional. Não será esse o seu caso, certo?

R5. O ponto principal dessa questão não é se as pessoas respeitam você ou não, mas o fato de se sentir e se avaliar com base no modo como as pessoas lhe tratam. Se tratam-lhe como alguém inferior, você se sente inferior, e vice-versa. Isso parece mais um comportamento de marionete, não acha?

R6. Sempre? Com *todas* as pessoas é assim? Alguma vez na sua vida alguém lhe desrespeitou e você seguiu em frente, até chegar onde queria? No trânsito, por exemplo? Ou em alguma outra situação?

R7. Se você trabalha para alguém, e esse alguém lhe falta com o respeito, não ter vontade de fazer as coisas para essa pessoa é a resposta mais normal e saudável. É a resposta da maioria das pessoas numa situação como essa. Ou você quer ser diferente dos demais?

R8. Será que essas pessoas não respeitam você, ou será que elas não satisfazem suas expectativas?

R9. É nos andares inferiores de uma mina de diamantes onde se encontram as maiores joias.

R10. Observe melhor. Isso talvez seja válido só para aquelas coisas que você não gosta de fazer, não é verdade?

46. NÃO ME SINTO RECONHECIDA NO TRABALHO, E POR ISSO FICO SEM ESTÍMULO PARA REALIZAR MINHAS TAREFAS. MEU CHEFE VIVE APONTANDO MEUS ERROS E, EM NENHUM MOMENTO, ELOGIA MEUS ACERTOS E QUALIDADES.

R1. Suspeito que você trabalha mais para seu chefe do que para si mesma. Sendo assim, sua reação é totalmente razoável.

R2. Talvez seu chefe valorize tanto esse trabalho que o simples fato de tê-la contratado e ter confiado a você essas tarefas já signifique, na percepção dele, o maior de todos os elogios.

R3. Creio que você precisa aprender alguma forma eficiente de comunicar a seu chefe a sua necessidade de reconhecimento. Ou será que você "exige" que ele a perceba por conta própria para que tenha valor?

R4. Será que seu chefe não percebe que, se elogiar mais você, poderá pagar-lhe menos?

R5. O que você quer é um amigo e não um chefe?

R6. Quem precisa elogiar seu trabalho são os clientes que compram do seu chefe aquilo que você faz. Assim, seu emprego e seu salário estão bem seguros, não é verdade?

R7. Penso que você está tendo uma excelente oportunidade de desenvolver sua habilidade de automotivação, o que lhe proporcionará uma autonomia e uma liberdade cada vez maiores na vida profissional.

R8. Se ele elogiasse com frequência, talvez você não valorizasse tanto seus cumprimentos; e, se não apontando seus erros, em pouco tempo você se tornaria uma profissional medíocre.

R9. Isso me diz com certeza que você percebe seus próprios acertos; o que é muito bom, não é?

R10. Há chefes que acreditam que, se "encherem muito a bola" de seus funcionários, isso terá como consequência intermináveis pedidos de aumento salarial, e o seu chefe não quer isso, certo?

47. MEUS PAIS QUEREM QUE EU ME DÊ BEM AFETIVA E FINANCEIRAMENTE PARA SE VEREM LIVRES DE MIM. TEMO QUE ELES ME ABANDONEM, POR ISSO ESTOU SEMPRE ME QUEIXANDO.

R1. Conquistar a própria independência é uma experiência bem diferente de ser abandonado, você não acha?

R2. Eles não querem se livrar de você, mas das responsabilidades que, na sua idade, deveria assumir.

R3. Ninguém acha muito agradável conviver com alguém que está sempre se queixando. Você quer que seus pais desejem se afastar de você?

R4. Você só diz isso porque ainda não se deu realmente bem afetiva e financeiramente, não é verdade?

R5. Acho que é você quem os está abandonando alimentando essas ideias ruins a respeito deles.

R6. Parece que você acha ruim eles desejarem sua felicidade.

R7. O que eles querem na realidade é cumprir um ciclo natural da vida. Eles não querem deixar a relação com você, mas sim se relacionar com você em um nível mais elevado, maduro.

R8. Você já pensou que suas queixas podem gerar insegurança em seus pais quanto a sua capacidade de se tornar uma pessoa adulta independente?

R9. O que você acha da ideia de ter seus pais velhos e completamente dependentes de você, afetiva e financeiramente?

R10. Você acha que muitos filhos desejam que seus pais fiquem ricos e se amem com a finalidade de se verem livres deles?

48. NÃO GOSTO DE "CANTAR VITÓRIA" ANTES DA HORA, POIS SEMPRE QUE O FAÇO ME DESAPONTO COM OS RESULTADOS.

R1. Como, especificamente, o "cantar vitória" interfere negativamente nos seus resultados?

R2. Temo que pensando assim você esteja responsabilizando seus êxitos a forças ocultas, você não acha?

R3. A maioria das mães festeja o filho(a) assim que sabem da gravidez, e eles nascem e crescem como se havia festejado na maioria das vezes. Não será essa sua ideia uma superstição desnecessária?

R4. Creio que o que você quer evitar é desapontar os outros, aqueles a quem você "canta vitória", porque, se as coisas não derem certo, de um modo ou de outro você vai ficar desapontada do mesmo jeito, não é assim?

R5. O desapontamento não resulta do "cantar vitória" antes da hora, mas sim de uma má avaliação da situação, certo?

R6. Você acha, então, que só pode ficar feliz mesmo quando a festa acabar?

R7. Talvez o que lhe incomode é mentir para si mesma, não é verdade?

R8. Pensando desse modo supersticioso, você se impede de descobrir as verdadeiras causas do sucesso ou insucesso em suas atividades e, portanto, de aprender realmente a obter os resultados desejados.

R9. Parece que você não gosta ou não valoriza vitórias parciais, só completas, não é assim?

R10. Você nunca previu que algo ia dar certo e deu certo?

49. OS LIMITES ME GERAM ANSIEDADE POR SUPERÁ-LOS, E ÀS VEZES ME DESGASTO DEMAIS COM ISSO.

R1. Certamente, o que acontece é que você não aceita limites, e isso realmente desgasta.

R2. Você confunde limites com limitação.

R3. O que lhe gera ansiedade não são os limites, mas sim a maneira como você os percebe.

R4. Uma porta fechada pode proteger de invasores ou impedir você de sair. Tudo depende de ter ou não a chave. Pelo que me diz, parece que você não a tem, certo?

R5. Na realidade, essa é uma forma elegante de dizer que você sofre de claustrofobia.

R6. A ansiedade, geralmente, é uma limitação para aqueles que desejam superar algum limite.

R7. Você está querendo se desenvolver sem fazer nenhum esforço? Será que isso é possível?

R8. A ansiedade se produz pelo medo de não conseguir superar obstáculo, e não pela vontade de ultrapassá-los. Você já pensou sobre isso?

R9. Dizendo que se desgasta demais com isso, você está afirmando que não vale a pena superar limites. A obrigação de se fazer o que não se quer fazer geralmente deixa as pessoas ansiosas.

R10. Experimente dizer “os limites me incomodam” ou “não suporto limitações” ou, ainda, “não suporto ser contrariado”. Será que isso não expressa melhor seus sentimentos?

50. OLHAR DEMAIS AS COISAS É PERIGOSO, PODE ME LEVAR A FAZER COISAS ERRADAS.

R1. Creio que as pessoas em geral fazem mais coisas erradas por não enxergarem direito do que por olhar muito.

R2. O que pode ser perigoso é não ter controle sobre os próprios impulsos.

R3. O que você está dizendo parece absolutamente sensato! Tudo que passa de um certo limite ou é “demais”, tende a se tornar ruim ou perigoso.

R4. Se você olhar de um modo errado para as coisas já estará fazendo algo errado, não é verdade?

R5. Olhar de menos também pode ser perigoso, principalmente no trânsito, você não acha?

R6. Como, especificamente, olhar muito algo pode gerar em você alguma ação considerada errada?

R7. Você sabe que o que é certo aqui pode ser errado em algum outro lugar. Certo e errado dependem sempre do ponto de vista. Sob o ponto de vista de quem, você fará algo de errado se olhar muito para as coisas à sua volta?

R8. Como você sabe quando está olhando muito para algo?

R9. Perigoso para quem especificamente?

R10. Essa afirmação é típica de alguém que está espionando (olhando) demais e com olhos críticos o próprio olhar.

51. CONTABILIZAR TODO DINHEIRO QUE ENTRA E SAI É COISA DE GENTE MESQUINHA, QUE VIVE APERTADA OU QUE TEM MEDO DE PERDER.

R1. Não contabilizar o dinheiro que entra e sai, de modo geral, é coisa de gente que pensa que tem, mas na verdade não tem, dinheiro.

R2. Números e fatos frequentemente frustram a fantasia, e certamente é isso o que mais incomoda, não é?

R3. A capacidade de controle e a consciência do que estão fazendo são simplesmente as principais características daqueles que fazem bem o que fazem.

R4. Você tem razão. Entretanto, é preciso fazer a seguinte diferenciação: mesquinhos, apertados e medrosos contabilizam o dinheiro que entra e que sai com muita tensão; aqueles que lidam bem com o dinheiro, e, portanto, usualmente têm bastante dinheiro, contabilizam de um modo muito relaxado, tranquilo e eficiente.

R5. Dinheiro é valor expresso em números, e creio que os números estão aí para serem contados, não é assim?

R6. Tenho a impressão de que o que incomoda não é exatamente contabilizar o dinheiro, mas sim passar aos outros a imagem de mesquinho ou pobre, não é verdade?

R7. As pessoas que não têm controle, em geral, são as que não gostam de controle.

R8. Aqueles que não sabem o quanto ganham e o quanto gastam, frequentemente, desconhecem o próprio valor e o das pessoas à sua volta.

R9. Essa afirmação é típica de pessoas que não lidam bem com limites. Certamente é verdade que a contabilidade demonstra limites, mas é igualmente verdade que aponta também as possibilidades.

R10. O que observo é que pessoas que dizem isso, em geral, sabem muito bem o que ganham, o que realmente desconhecem é o quanto gastam. Em uma época como a que vivemos, na qual o comércio, com seus "créditos" para convencer-nos a gastar, ocupa praticamente todos os espaços de nossa vida, não contabilizar o que se gasta representa uma grande ameaça ao patrimônio de qualquer cidadão. Você não concorda?

52. BASTA QUE TUDO PAREÇA ESTAR DANDO CERTO PARA QUE ACONTEÇA ALGO INESPERADO E AS COISAS DEEM ERRADO. OU SEJA, TENHO SEMPRE QUE ESTAR COM "UM PÉ ATRÁS".

R1. Isso que você relata é simplesmente o resultado de uma avaliação incorreta dos fatos que gerou uma expectativa fora da realidade e, consequentemente, uma frustração.

R2. Muitas vezes, as coisas parecem estar dando certo porque queremos muito que deem e não queremos enxergar aquilo não está funcionando.

R3. Quando não amarramos bem a corda, é bom ficar com o "pé atrás", você não acha?

R4. Você não acha que "sempre", "tudo" certo ou "tudo" errado são formas exageradas de avaliar as coisas?

R5. Conheço alguém que ia fazer a viagem de seus sonhos, pegou um táxi para ir ao aeroporto e foi pego num enorme congestionamento. Essa pessoa perdeu o avião, que acabou caindo e matando todos os passageiros. Por isso é que dizem que "há males que vem para o bem", não é?

R6. Sei de muitos exemplos que confirmam aquela ideia tão popularizada de que "Deus escreve certo por linhas tortas". O que você acha disso?

R7. Acho que você confunde inesperado com o que não quer que aconteça, não é assim?

R8. Como você sabe quando algo está dando certo ou errado?

R9. Você então está querendo me dizer que o que acontece em sua vida não depende de você?

R10. Acho que o único lugar em que podemos nos entregar à distração nesta vida, sem temer as consequências, é quando estamos no útero materno. Você sabia que é possível ficar muito atento sem desgaste ou tensão?

53. NÃO POSSO AUMENTAR O PREÇO DOS MEUS SERVIÇOS PORQUE ISSO FARÁ COM QUE MEUS CLIENTES ME DEIXEM E BUSQUEM A CONCORRÊNCIA.

R1. Com toda certeza, os clientes que procuram você pela qualidade do seu trabalho continuarão, os outros talvez não valham muito a pena, você não acha?

R2. Você já ouviu falar sobre o hábito de muitas pessoas de valorizarem as coisas pelo preço que tem; quanto mais caro melhor?

R3. Quanto você estaria disposto a pagar pelo seu próprio serviço?

R4. A qualidade de um serviço é, em grande medida, determinada pela qualidade da relação estabelecida entre o cliente e quem presta o serviço, certo? O cliente que escolhe um serviço usando como critério principal o baixo custo está estabelecendo uma relação de baixa qualidade com o prestador do serviço, colocando, dessa maneira, em risco a qualidade do serviço e a reputação do profissional envolvido. Pense sobre isso.

R5. Quer dizer, então, que se você valorizar muito seu trabalho será abandonado por todos e ficará sozinho?

R6. Pelo que está dizendo, é possível que você não tenha critérios muito claros para avaliar o próprio serviço, não é assim?

R7. Poder aumentar você pode, o que teme, na realidade, é não saber lidar com as objeções que possam surgir por parte dos clientes.

R8. Você deixaria realmente de se consultar com um médico porque ele aumentou a consulta em dez por cento do valor?

R9. De modo geral, o reajuste do preço das coisas neste sistema de mercado obedece a três regras básicas: a da oferta e da procura; a da inflação, que requer o constante ajuste para manter o equilíbrio; e a qualidade do produto, certo? O resto é pura fantasia.

R10. Seus estudos para aprendizagem no passado e para desenvolvimento no presente foram e são gratuitos? Para prestar seus serviços você não tem despesas? Se for assim realmente, você não só não tem o direito de aumentar seus preços como de cobrar qualquer coisa por seus serviços, não é verdade?

54. A ARROGÂNCIA DAS PESSOAS ME IRRITA PROFUNDAMENTE.

R1. A sua irritação profunda com a arrogância é uma maneira de negar qualquer arrogância em si mesmo, o que denota em você uma grande arrogância. Não acha?

R2. Como, especificamente, e o que da arrogância irrita você?

R3. Será que o que irrita não é o fato de que, algumas vezes, as pessoas serem realmente mais ou melhores do que você é. Não seria, na realidade, sua irritação a mais pura inveja?

R4. Sua própria arrogância também lhe irrita profundamente?

R5. A arrogância irrita ou você se irrita com a arrogância?

R6. A arrogância implica, de um modo geral, em atribuir-se direitos e qualidades indevidamente; ou seja, no fundo, é uma mentira. Você se irrita com algo que não é! Será que vale a pena gastar energia com isso?

R7. Frequentemente, as pessoas são arrogantes porque, no fundo, sentem-se inferiores e, portanto, têm medo de mostrar e ser quem realmente são. Isso merece mais compaixão que irritação, você não acha?

R8. Pessoas arrogantes, muitas vezes, passam a impressão de que são seguras de si, o que pode intimidar os menos seguros. Não será esse o seu caso?

R9. Os arrogantes, em geral, não reconhecem abertamente o valor dos outros a sua volta. Talvez você careça desse reconhecimento em algumas ocasiões e por isso se irrite.

R10. Acho que atribuir profundidade a uma irritação não deixa de ser arrogância, você não acha?

55. QUERER FICAR RICO É UMA VONTADE FÚTIL E MATERIALISTA.

R1. Alguém que quer ficar rico e, assim, ter meios para ajudar muita gente carente está sendo fútil ou materialista?

R2. Fútil é avaliar alguém sem antes investigar devidamente seus verdadeiros propósitos, você não acha?

R3. Como, especificamente, em seus pensamentos, você associa riqueza com futilidade e materialismo?

R4. Dizemos que algo é fútil, geralmente, quando queremos dizer que esse algo é de pouco valor, certo? Creio que tornar-se rico tem a ver com agregar valor, não é assim? Quanto maior o valor obtido, maior a riqueza conquistada. E então?

R5. Você está querendo dizer que se tornar mais capaz de realizar muitas coisas torna alguém fútil e materialista?

R6. Você sabia que a maior parte das pessoas que não eram e se tornaram ricas são pessoas que trabalharam, e ainda trabalham, muito mais que a média? Não trabalhar, trabalhar menos ou trabalhar muito e ganhar pouco é menos fútil e menos materialista?

R7. Se a vontade for real e exclusivamente de acumular riquezas para si mesmo, não só é fútil e materialista como muito egoísta também, certo?

R8. Querer ser rico pode significar querer ter tudo o que se quer, no momento em que se quer, sempre e sem precisar fazer esforço, não é assim? Isso se parece muito ao paraíso prometido pelas grandes religiões, certo? Você está querendo dizer, então, que as grandes religiões são fúteis e materialistas?

R9. Acho que é sua visão pessoal da riqueza que é fútil e materialista. Certo?

R10. Normalmente, para se conquistar coisas difíceis, como se tornar rico, é necessária uma vontade profunda de autossuperação, o que certamente é diferente de futilidade e apegos materialistas.

56. EVITANDO OLHAR DE FRENTE PARA UMA REALIDADE INDESEJADA, EVITO SOFRIMENTO.

R1. É verdade. Entretanto, assim você também evita a possibilidade de superar essa situação e a consequente alegria de se tornar alguém melhor e mais feliz.

R2. Quando se sabe que há uma realidade indesejada, é possível evitar o sofrimento?

R3. O que você vê olhando de frente que não vê olhando de lado?

R4. O que faz sofrer não é a realidade em si, mas o reconhecimento de que ela independe do seu desejo, não é assim?

R5. A dor causada pela ferroada de uma abelha não depende de se você vê o ferrão ou não, mas ver o ferrão permite extraí-lo e, assim, aliviar o sofrimento, certo?

R6. Não prestar atenção na dor diminui o sofrimento, é certo. Entretanto, não é necessário chamar a dor de realidade.

R7. Como, especificamente, a realidade lhe causa sofrimento quando confrontada diretamente?

R8. Qualquer guerreiro sabe que, se não olhar de frente para o inimigo, poderá ser desagradavelmente surpreendido por ele. O que você acha disso?

R9. Alguém alguma vez disse que paramos de sofrer quando deixamos de desejar o irreal, o que não existe.

R10. Um dia li na traseira de um caminhão: “Não tenho tudo o que amo, mas amo tudo o que tenho”.

57. NÃO ACREDITANDO QUE POSSA SER PERFEITO, NÃO ME ATREVO A PARTIR PARA A AÇÃO.

R1. Talvez eu esteja meio "da pá virada" hoje, mas a verdade é que isso me soa mais a preguiça que a qualquer outra coisa.

R2. Então só se lhe outorgarem o título de "Deus" você se atreveria a fazer algo?

R3. Acho que, ao *agir* assim, você não se atreve a reconhecer as falhas inerentes ao ser humano, concorda?

R4. Será que o que você quer é ser perfeito, mas sem ter que pagar o preço devido por essa perfeição?

R5. Então, alguma vez você deve ter experimentado a perfeição, não é? Se não, como pode acreditar ou não em algo que desconhece?

R6. Como você sabe, especificamente, que não pode ser perfeito?

R7. É justamente por não acreditarem na própria perfeição que os bons artistas continuam estudando e praticando incansavelmente.

R8. O perfeito é aquilo que já está completo. Aquilo que não requer mais nenhuma ação, porque senão não seria perfeito, certo? Talvez, então, você, inconscientemente, tenha descoberto que é perfeito e, por isso, não se atreva a fazer nada para não "estragar" essa perfeição.

R9. Não acreditar na possibilidade da própria perfeição talvez seja um indício de uma grande humildade, que por si só indica um bom potencial de perfeição como ser humano. O que você acha disso?

R10. Creio que você não se atreve a agir por não acreditar que pode ser imune às críticas, não é assim?

58. SE EU RELAXAR E FICAR TRANQUILO, VÃO ME JULGAR FRÁGIL E VULNERÁVEL, E ENTÃO TRATARÃO DE SE APROVEITAR FAZENDO O POSSÍVEL PARA ME REBAIXAR.

R1. E quando você está tenso, eles não tratam de rebaixá-lo?

R2. Não será você mesmo quem associa tranquilidade com fragilidade e vulnerabilidade?

R3. Quando uma pessoa fica mais relaxada e tranquila, geralmente fica mais sensível, no sentido de que percebe mais o que acontece à sua volta e, portanto, mais capaz de detectar qualquer ameaça.

R4. Há pessoas que acham que para relaxar é preciso fechar os olhos. Você acha isso também?

R5. Eu sempre ouvi o contrário do que você me está dizendo; ou seja, que os bandidos geralmente escolhem como vítimas aquelas pessoas que estão mais assustadas ou tensas. Pelo menos é o que demonstram as pesquisas sobre esse assunto.

R6. Talvez seja mais agradável estar por baixo, tranquilo e relaxado, que por cima, tenso e nervoso.

R7. Talvez você esteja tratando de adquirir força ficando nervoso e tenso. Será essa a melhor estratégia para se tornar forte e seguro?

R8. Parece que você vive num ambiente competitivo em que o ganho de um determina a derrota de outro. O que lhe obriga participar nesse jogo? Você já ouviu falar de trabalho em equipe?

R9. Você já ouviu o ditado: "quando um não quer dois não brigam"?

R10. Tenho a impressão de que você se aproveita desse conhecimento que tem sobre o comportamento dessas pessoas de quem está falando, não é assim?

59. EVITO TOMAR DECISÕES, POIS TENHO MEDO DE ME ARREPENDER DEPOIS.

R1. Creio que o que você evita, na realidade, é assumir as consequências das suas decisões, não é?

R2. Eu acho que você decidiu não decidir, certo?

R3. O que falta não é capacidade de decidir, mas sim confiança na sua capacidade de responder às consequências das suas decisões.

R4. É possível que, em algum momento de sua vida, você tenha começado a crer na lógica daquela covarde ideia "quanto menos fizer, menos erros cometerei, e assim sofrerei menos críticas", certo?

R5. Você vende sua certeza para não cometer erros, não é assim? Pense nisso.

R6. O seu medo não é de decidir, mas sim de cometer erros. O que tanto assusta você nos erros?

R7. Talvez você precise aprender a se arrepender, reconhecer seus erros, humilde e tranquilamente. Que tal?

R8. Acho que você prefere se arrepender de decidir do que dos erros da decisão, não é?

R9. Você nunca teve a experiência da certeza de uma decisão correta?

R10. Talvez o que lhe falta é informação sobre a questão a ser decidida e não coragem para decidir.

60. NÃO POSSO OLHAR PARA COMIDA QUE JÁ ME DÁ VONTADE DE COMER.

R1. Não é o olhar para a comida que lhe dá vontade de comer, mas sim sua forma de olhar para a comida.

R2. As pessoas compulsivas comem demais, geralmente, porque não olham o que estão comendo.

R3. E o que obriga você a obedecer essa vontade?

R4. Quando você vê um boi pastando, tem vontade de comer?

R5. Como, especificamente, você transforma a visão da comida em vontade de comer?

R6. Você já teve vontade de comer sem ter visto nenhuma comida?

R7. Se você sabendo que o cozinheiro é pouco higiênico, não lava as mãos, ao ver a comida feita por ele, assim mesmo, tem vontade de comer?

R8. Ter bom apetite, em muitas circunstâncias, é sinal de saúde.

R9. Olhar para a comida e ter vontade de comer é bastante normal. O que não é normal ou adequado é comer muito mais do que o necessário.

R10. Se isso fosse verdade, numa festa ou jantar com muitas pessoas, você se sentiria obrigado a comer a comida de todos os pratos servidos que você visse. É assim que acontece?

AS "TIRADAS"

Recordo, quando era criança, principalmente na escola, de alguns garotos e garotas que sempre tinham as melhores respostas na ponta da língua. Não em relação às perguntas dos professores, mas em resposta aos desafios nas brincadeiras com os colegas. Quando havia um bate-boca e a situação não era resolvida diretamente no "braço", eles sempre davam a "melhor" resposta, ou seja, aquela que os deixava "por cima" no embate. Aquilo que aqui chamo de "respostas" talvez poderia mais acuradamente chamar de "tiradas". Eu não era dos melhores nessas situações, mas me esforçava e às vezes até me dava bem. Tinha muita raiva, e naturalmente inveja, quando era derrotado nesse embate das palavras. Com o tempo, fui aprendendo a observar mais e reconhecer antecipadamente aqueles com quem eu teria alguma chance de vitória, e quando seria preferível ficar quieto ou sair fora da situação.

Penso que a maior parte das pessoas reconhece esse tipo de experiência em sua memória, independentemente de sua performance nessa questão. Desde os princípios das civilizações, a habilidade em lidar com as palavras é especialmente valorizada. A conhecida habilidade de argumentação. A maioria das atividades humanas depende muito dela para que possa se desenvolver com sucesso, e há especialmente algumas para as quais é imprescindível. A transmissão do conhecimento nas escolas e lugares similares, as atividades políticas, o comércio em seus processos de negociação, as questões do direito legal e os relacionamentos humanos nas suas mais diversas manifestações. Entretanto, esse é um mundo no qual, geralmente, não somos "iniciados" de um modo consciente e formal. Somos simplesmente "jogados" nele. Alguns se destacam, outros sobrevivem, e outros, a maioria, preferem participar dele o mínimo possível.

Ao falar de "argumentação", aqui, estou implicando não só a capacidade de desenvolver um longo discurso como resposta a uma pergunta, ou para defender uma ideia, mas também a capacidade de dar boas "tiradas" no decorrer de uma interação. Estou me referindo a uma habilidade essencialmente humana e, portanto, a algo que pode ser aprendido e desenvolvido com boa orientação e prática. Não nascemos sabendo falar e argumentar. São coisas que aprendemos com nossos pais, irmãos, família, amigos e inimigos.

Tenho agora várias perguntas naturais: o que é essa capacidade de argumentação? Em que consiste? Como adquiri-la? Como desenvolvê-la? É possível para qualquer ser humano? Basta querer? Argumentar e ressignificar são a mesma coisa?

A habilidade de argumentação frequentemente acompanha a de ressignificação. O que, a meu ver, diferencia as duas é a intenção. Quando alguém argumenta, geralmente, o faz para defender uma ideia ou ponto de vista; enquanto que na ressignificação (como a definimos na Programação Neurolinguística) o que se pretende é fornecer à pessoa que faz a queixa, crítica ou objeção outros significados possíveis à situação em questão, de modo que o indivíduo possa pensar e sentir aquilo de maneira mais positiva e útil para ele. Uma argumentação pode ou não ser uma ressignificação, e esta última muitas vezes não é uma argumentação. Pode ser uma simples expressão, um gesto ou comportamento a partir do qual o sujeito percebe um novo significado para a conjuntura.

As "tiradas" são ressignificações em forma de respostas rápidas e curtas; uma frase, uma palavra ou uma sequência de palavras que deflagram um significado frequentemente temperado com uma boa dose de humor.

Conta a lenda que, certa vez, o primeiro-ministro inglês Winston Churchill estava em uma festa quando uma sra. inglesa da alta sociedade, vendo-o embriagado, dirigiu-lhe a palavra dizendo: "Que vergonha! Nosso primeiro-ministro alcoolizado?". Churchill imediatamente respondeu: "E a sra. é feia!". Ao que ela rebateu muito ofendida: "O sr. é um bêbado!". Churchill completou: "Mas amanhã cedo, certamente, estarei bem, não é assim madame?".

Em certa ocasião, o então presidente da República brasileira Jânio da Silva Quadros, famoso também por suas "tiradas", participava de uma entrevista coletiva para a imprensa quando um jovem repórter lhe perguntou maliciosamente: "Seu Jânio, como o sr. consegue esse dinheiro todo para fazer tantas viagens?". Ao que Jânio imediatamente respondeu: "Em primeiro lugar, jovem é 'Doutor' Jânio ou 'Professor' Jânio. Porque a intimidade em geral cria problemas ou gera filhos". Em seguida, o presidente perguntou ao grupo de repórteres presentes: "Alguém tem um cigarro?". Imediatamente, vários lhe foram oferecidos. Após apanhar um cigarro, o político perguntou: "Alguém tem fogo?". Rapidamente, vários fósforos e isqueiros competiram para acender seu cigarro. "Pois é assim, meu jovem, que consigo o dinheiro para as minhas viagens".

Contaram-me outro dia, e não sei até que ponto é verdade, mas em todo caso é um belo exemplo de uma boa "tirada", de uma ocasião em que o ex-presidente dos Estados Unidos Barack Obama estava jantando com sua esposa Michele Obama em um restaurante de Nova York. Michele teria comentado com ele que o chef da cozinha fora seu namorado. Então o presidente disse: "Ainda bem que você se casou comigo, se não, hoje, provavelmente estaria trabalhando na cozinha, certo?". Ao que ela imediatamente respondeu: "Engano seu, meu querido. Hoje, ele é quem seria o presidente dos Estados Unidos".

Essa é uma história de família, contada outro dia pelo meu irmão Paulo. Meu pai estava em um jantar com minha mãe na casa de uns primos dela. Após seu terceiro filho, ela havia engordado bem mais do que gostaria, e seus primos não a pouparam de suas observações pouco delicadas dizendo: "Nossa! Como você engordou prima!". Como podemos imaginar, minha mãe ficou muito chateada, mas tratou de disfarçar. Meu pai, percebendo a situação, com seu característico senso de humor, não perdeu tempo e disse aos primos dela: "Pois quanto mais ela engorda mais feliz eu fico, porque vejo que tenho cada vez mais Tereza (o nome da minha mãe) só para mim".

Novamente, uma situação que ocorreu com meu pai, o sr. Fernando. Ele tinha um vizinho português, engenheiro, bem mais jovem que ele, que era casado com uma alemã e trabalhava em uma multinacional na região de Campinas. O apelido do sujeito era Loro, e logo ele e meu pai, que era muito sociável, ficaram amigos. Volta e meia o português dava uma passada na casa do sr. Fernando para tomar um café e trocar umas ideias. Cada vez que o Loro vinha à casa do meu pai, este não perdia a oportunidade de contar-lhe uma piada de português, e *ambos* sempre riam muito. Às vezes era o próprio Loro quem contava a meu pai uma nova piada de português. Meu pai morava em uma casa muito grande, que tinha, no teto alto, sobre a escada que levava a um salão embaixo da casa, uma antiga luminária da Avenida Paulista. Em um sábado pela manhã, meu pai estava no alto de uma escada com uma enorme chave de fenda tratando de desparafusar algo na luminária quando o português chegou, e foi perguntando:

– Sr. Fernando? O que estás tratando de fazer?

– Estou querendo abrir isso aqui para trocar a lâmpada que queimou. Sobe aí do outro lado da escada e me ajuda Loro. Segura essa luminária que não para de se mexer. Assim fica difícil desparafusar.

O português subiu e começou a segurar a luminária para ajudar meu pai, quando de repente disse:

– Para um pouco, sr. Fernando.

Meu pai, como não estava conseguindo o que pretendia, parou. Então o Loro esticou a mão por trás da luminária, girou uma pequena chavinha que lá havia e, quase que "magicamente", a luminária se abriu. Meu pai ficou pasmo e perguntou:

– Como foi isso, Loro?

– Aprenda essa lição de uma vez por todas, sr. Fernando: portugueses só saem de Portugal, mas burros, de qualquer lugar do mundo!

Outro dia eu estava conversando com um amigo, que é um profissional liberal, trabalha em uma clínica e depende dos clientes que o procuram para as consultas, quando ele se queixou: "Veja como são as coisas. Não me conformo! Há dias que não tenho sequer um cliente para atender, e outros, como hoje, que 'encavala' tudo: vários clientes querendo o mesmo horário. Acabo sempre tendo que dispensar algum para poder atender outros." Então eu respondi: "Ainda bem que às vezes "encavala" tudo. Imagina se você não tivesse um cliente sequer para atender!". Meu amigo parou e, depois de alguns segundos de surpresa e reflexão, exclamou: "É, você tem toda razão!".

As histórias do incomparável Mulá Nasrudin, personagem pertencente ao folclore de muitas culturas – turca, persa, marroquina, afegã –, cada uma com seu próprio nome para esse personagem, contam com inúmeras "tiradas" sensacionais, várias das quais, em muitos momentos, funcionam como excelentes ressignificações para as mais diversas situações – como a narrativa dos tigres que já contei aqui.

O que mais me chama a atenção em histórias como esta é a mudança de perspectiva que, em geral, o desfecho da narração provoca. Essa experiência de mudança de perspectiva é a base do processo criativo, tanto do desenvolvimento de "coisas" novas como no de solução de "problemas". A capacidade para variar a perspectiva é também o ponto de partida para compreender os outros em suas diferentes formas de pensar ou agir. Essa é uma habilidade que dificilmente se desenvolve de modo espontâneo. Somos animais de hábitos e rotinas, buscamos a segurança do caminho conhecido com muito mais frequência que a aventura da experiência do desconhecido, do novo. As ações conectadas por nossas memórias e a preservação da vida têm um forte apelo e tomam nossa atenção. Principalmente, à medida que ficamos mais velhos e tendemos a repetir mais, a fazer mais da mesma coisa, o que naturalmente gera rigidez, cristalização e obstaculiza o desenvolvimento e a ampliação da vida.

O desenvolvimento da capacidade criativa, assim como da flexibilidade, requer geralmente ações deliberadas nesta direção por parte do sujeito. Requer intenção e esforço para conquistá-las. Se você não estiver ligado na criatividade, mesmo que caia do céu, você não perceberá uma nova ideia, perspectiva, saída ou solução.

Criatividade e flexibilidade estão quase sempre juntas, praticamente, uma não vive sem a outra, e isso é muito fácil de entender. Entretanto, no processo de crescimento e amadurecimento de qualquer ser humano, a capacidade criativa e de flexibilidade atingem um auge em algum ponto do desenvolvimento, em geral na adolescência e início da idade adulta, quando melhor se combinam certos elementos como maleabilidade e força, no caso da flexibilidade, e disponibilidade, abertura, motivação e foco, no caso da criatividade. Uma vez alcançado o ápice, é possível que se mantenha por algum tempo. Contudo, na maior parte dos casos, um processo de descenso dessas capacidades tem início.

Manter-se lá em cima ou continuar "crescendo sempre" vai depender predominantemente de um esforço deliberado e consciente por parte do sujeito.

Uma boa pergunta neste momento seria: "O que fazer e como fazer esse 'esforço' para desenvolver e manter essa flexibilidade e criatividade?".

Realmente é uma boa pergunta e não é fácil respondê-la de modo muito preciso ou que dê garantia de resultados.

Na verdade não há uma receita perfeita para a questão. Observar muito, perguntar, investigar e aprender sempre que possível podem ser maneiras de estimular a criatividade. Procurar a aproximação e convivência com pessoas criativas, sejam artistas, pesquisadores, inventores, ou pessoas comuns que primam por soluções inéditas. Frequentar e cultivar ambientes que promovam e facilitem o pensamento e ação criativas: teatro, cinema, galerias de arte, escolas de artes em geral. Periodicamente sair da rotina: provar alimentos diferentes dos conhecidos, fazer de conta que gosta de um que não gosta. Ir a lugares que nunca foi e observar diferenças. Usar roupas de um estilo diferente do seu. Conversar e interessar-se por pessoas com gostos e experiências diferentes das tuas. Viajar para países, lugares e culturas diferentes das tuas, com o espírito aberto a aprender. Arriscar calculadamente fazer coisas que nunca faz, abrindo-se à nova experiência. Estudar um idioma diferente do teu, a história de uma cultura diferente da tua. Fazer um jejum, por um dois ou três dias. Interagir e conversar mais demoradamente com alguma criança. Ficar em silêncio um dia inteiro, ou vários dias. Enfim, há muitas possibilidades, entretanto não há uma receita exata e garantida e certamente aí está a verdadeira graça desta vida.

Desejo a você boa sorte e que o Criador nos dê a coragem necessária para encontrá-lo.